Anja Grebe und G. Ulrich Großmann

BURGEN

in Deutschland, Österreich und der Schweiz

Architektur und Alltag

IMHOF-Kulturgeschichte

Michael Imhof Verlag

Schriften des Deutschen Burgenmuseums Veste Heldburg
Band 3

Titelseite: Bad Wimpfen, Münzenberg und Heldburg

Umschlagrückseite: Nürnberg und Burg Eltz

Grebe/Großmann: Burgen in Deutschland, Österreich und der Schweiz. Architektur und Alltag,
Schriften des Deutschen Burgenmuseums Veste Heldburg, Band 3,
Imhof-Kulturgeschichte, Petersberg 2007

© 2007
   Michael Imhof Verlag GmbH & Co. KG
   Stettiner Straße 25
   D-36100 Petersberg
   Tel. 0661/9628286; Fax 0661/63686
   www.imhof-verlag.de

Gestaltung und Reproduktion: Michael Imhof Verlag
Druck: B.o.s.s Druck und Medien GmbH, Goch
Printed in EU

ISBN 978-3-86568-152-2

INHALT

Inhalt

Nürnberg, Kaiserpfalz

EINLEITUNG:
BURGEN – MYTHOS UND REALITÄT

Burgen sind scheinbar einfach zu verstehen: Sie liegen auf einem Berg, wurden von unterjochten Bauern in harter Fronarbeit errichtet, beherbergten Ritter, die entweder im Turnier ihre Kräfte maßen, in Dauerfehde ihre Nachbarn bekriegten, als Raubritter Jagd auf Kaufleute machten, holde Minnelieder sangen und gleichzeitig in wilden Saufgelagen die Vorräte ihrer entrechteten Bauern verschlangen. Um sich angesichts eines solchen Treibens zu schützen, brauchten sie eine möglichst uneinnehmbare Burg, die allerdings als Folge ihres gewagten Handelns fast ständig belagert wurde.

Auf den ersten Blick sprechen alle Fakten für eine solche Sehweise. Auffällig sind heute tatsächlich die Burgen in prominenter Hang- oder Berglage. Die vielen Ruinen lassen sich scheinbar am ehesten auf Fremdzerstörung durch Belagerung und Brandschatzung zurückführen. Zu Füßen der Burgen führen meist Straßen oder Schifffahrtswege vorbei, die von den Rittern für ihre Raubzüge benutzt wurden. Und oft genug sind die Burgen von finsteren Wäldern umgeben, sodass man sich leicht in die Märchenwelt der Gebrüder Grimm oder die finstere germanische Sagenwelt zurückversetzt sieht.

Schon der zweite Blick zeigt, dass die Realität zumeist ganz anders aussah. Burgen lassen sich bestimmen als wehrhafter Wohnsitz des Adels. Der Alltag einer Burg war keineswegs durch permanente Fehden und Belagerungen, aber auch nicht durch ständige Turniere und Minnesang geprägt. Im Vordergrund stand vielmehr die Mühsal des oft beengten Raumes, die Schwierigkeit der Versorgung mit Rohstoffen, Lebensmitteln und Wasser, verschärft durch die teils steile, unwegsame Lage. Viele Verteidigungsanlagen sind eher aus Vorsicht heraus errichtet worden, denn aufgrund akuter Gefährdung. Im Durchschnitt wurden die Burgen wohl kaum mehr als einmal im Jahrhundert ernsthaft bedroht. Dann allerdings hat die Wehrhaftig-

links: Wimpfen, Kaiserpfalz, Blauer Turm

Bourscheid (Luxemburg)

*Nauders (Tirol),
Burg Naudersberg*

*Riegersburg
(Steiermark),
Gesamtansicht der
Burg*

keit keineswegs nur eine symboli-
sche Bedeutung.

Was ist Mythos, was Realität? Welche allgemeinen Kennzeichen besitzen Burgen in einer bestimmten Zeit
und Gegend, welches sind die Son-
derfälle? Dieses Buch will als Vor-
schau auf die Dauerausstellung des
Deutschen Burgenmuseums auf der
Veste Heldburg die Grundzüge der
Entwicklungsgeschichte der Burgen
im deutschen Sprachraum schildern.
Dabei werden die wichtigsten Gebäude und ihre Funktionen erläutert. Zur Sprache kommen alle wesentlichen Bauteile einer Burganlage,
wie man sie bei einer Besichtigung
von außen nach innen sehen könnte.
Zu jedem Bau oder Bauteil werden
Alternativen aufgezeigt und es wird
dargestellt, welche architektonische
und funktionale Entwicklung die
Gebäude genommen haben. Jenseits
der Klischees ergibt sich ein faszinierender Einblick in die Geschichte und Lebenswirklichkeit der mittelalterlichen Burgen. Sie werden bei
einem persönlichen Rundgang im
zukünftigen Deutschen Burgenmuseum anhand vieler originaler Objekte und Bauteile unmittelbar und
vertieft erfahrbar werden.

DIE „NORMALE" ADELSBURG

Die Architektur- und Kunstgeschichte erläutert die Entwicklung eines Bauwerks oder Bautyps zumeist an herausragenden Beispielen, die mit großem technischen und gestalterischen Aufwand entstanden sind. Diese Beispiele prägen auch beim Thema Burg den Blick auf die allgemeine bauliche Entwicklung. Es handelt sich dabei meist um die großen landesherrlichen Burgen, die schon im Mittelalter Ausnahmen sind. Den Normalfall bildeten die vielen kleinen, aus wenigen Gebäuden bestehenden und mit geringerem Aufwand errichteten Adelsburgen.

Der Versuch, ihre Geschichte darzustellen, erweist sich jedoch als Herausforderung. Eine „typische" Adelsburg gibt es nicht. Burgen sehen in der Gründungszeit, zumeist dem 10. und 11. Jahrhundert, anders aus als in der „klassischen" Zeit, d. h. dem 12. und 13. Jahrhundert, und

völlig anders als im Spätmittelalter, also dem 14. bis frühen 16. Jahrhundert. Zudem ist der Adel keine einheitliche soziale Schicht, sondern sowohl in diachroner wie synchroner Perspektive starken Differenzierungen unterworfen, die sich auch auf den Burgenbau auswirkten. Und nicht zuletzt ist die Überlieferung oftmals sehr lückenhaft und von vielen Zufällen abhängig, welche die Forschung zur Detektivarbeit werden lassen. Die meisten Burgen ruhen im Dunkel der Geschichte.

Zu den gut erforschten Beispielen einer „normalen" Burg zählt die zwischen Fulda und Hersfeld gelegene Burg Hauneck (Gem. Oberstoppel). Die ab dem 13. Jahrhundert errichtete Anlage besteht aus einer Ringmauer, die ein Viereck von immerhin rund 30 m Seitenlänge umschreibt. Wie eine seitliche Erweiterung wirkt der Wohnbau des späten 15. Jahrhunderts. Inmitten des Hofes steht

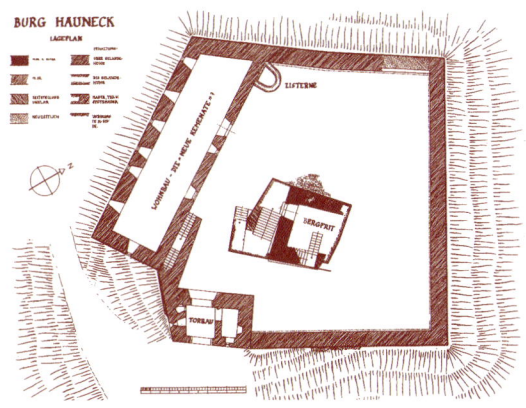

Hauneck (Hessen),
Grundriss der Burg
(nach R. Gutbier)

der quadratische Bergfried. Einziger weiterer erhaltener Massivbau ist das Torhaus. Die vom Gebäudebestand her kleine Burganlage diente der Grenzsicherung und war seit 1409 Eigentum der hessischen Landgrafen. 1469 wurde die Burg bei einem Überfall in Brand gesteckt, ab 1482 wieder aufgebaut und vermutlich im Dreißigjährigen Krieg erneut zerstört.

Ein Schweizer Beispiel ist die im späten 12. Jahrhundert errichtete Burg Steinsberg bei Ardez im Unterengadin. Die kleine Anlage besteht aus einem quadratischen Bergfried innerhalb einer rechteckigen Ringmauer, ursprünglich mit kleineren Nebengebäuden verbunden, innerhalb einer einen engen Raum umfassenden Ringmauer. Mit diesen wenigen Gebäuden verkörpert die Burg den kleinsten und wohl häufigsten Burgentyp des hohen Mittelalters. Die Anlage wurde zunächst von einem lokalen Adelsgeschlecht errichtet und ging um 1200 in den Besitz der Bischöfe von Chur über.

Beide Burgen sind „normal" und zugleich untypisch. Denn in beiden Fällen ist relativ viel über die Anlagen und ihre Geschichte bekannt. Zumeist ist die historische Kenntnis bei kleinen Burgen weitaus geringer.

Hauneck (Hessen), Burg

Ardez (Graubünden), Burg der Bischöfe von Chur

HISTORISCHE VORAUSSETZUNGEN DES BURGENBAUS UND AUFGABEN DER BURGEN

Reich und Herrschaft im Früh- und Hochmittelalter

Die Burg als befestigter Wohnsitz des Adels ist historisch aufs engste mit dem Mittelalter verbunden, d. h. der geschichtlichen Epoche zwischen Antike und Renaissance, die in Mitteleuropa grob die Zeit von 500 bis 1500 umfasst. Natürlich hat es befestigte Anlagen auch vorher – man denke an römische Kastelle oder slawische Fluchtburgen – oder nachher – zu nennen wären neuzeitliche Festungen – gegeben, die spezifische Verbindung von Befestigung und Wohnsitz findet sich jedoch nur bei der mittelalterlichen Adelsburg. In der Burg verbinden sich Bau- und Sozialgeschichte zu einem vielschichtigen Monument der mittelalterlichen Kultur.

Als befestigte Wohnsitze des Adels waren Burgen zugleich Instrumente der Herrschaftsausübung und Herrschaftssicherung. Herrschaft konnte in den rund 1000 Jahren des Mittelalters ganz verschiedene Formen annehmen. Es gab im Mittelalter in Mitteleuropa weder einen Staat im modernen Sinne eines Nationalstaats noch eine Zentralgewalt, wie sie im Rom der Antike existiert hatte. Nach dem Zusammenbruch des antiken Römischen Reiches im 4. Jahrhundert n. Chr. bestanden gewisse Verwaltungsstrukturen auf lokaler und regionaler Ebene zwar weiter, durch die Wirren der Völkerwanderungszeit entstand auf überregionaler Ebene jedoch ein Machtvakuum. Es wurde ausgefüllt von rivalisierenden Völkerschaften (z. B. Franken, Alemannen, Thüringer) und Personen-

Adlerfibel aus Domagnano (San Marino), Schmuck aus dem frühen 6. Jh. (Germanisches Nationalmuseum, Nürnberg)

Dis ist der gstalt vnd bildnus gleich

karolus imprator

magnus Annus 14

kaiser karolus der das Romisch vnd Das teutsch reich vndter
Zalt man zu Nürnberg alle Jar Die andern heiltum offenbart allen

verbänden, deren Anführer ab dem späten 5. Jahrhundert auf den Fundamenten der christlichen Spätantike die ersten frühmittelalterlichen Reiche gründeten.

Die politischen Wurzeln des mittelalterlichen Deutschen Reiches liegen im Frankenreich. Das Kerngebiet der „Francia" lag in Nordfrankreich westlich des Rheins bis zur Loiremündung mit Paris, Reims und Orléans als Hauptorten. Hier war die Familie des fränkischen Anführers Chlodwig (482–511) begütert, der nach seinem Sieg über den letzten römischen Dux Syagrius 486 das Merowinger-Reich begründete. Die Instabilität eines frühmittelalterlichen Reiches zeigt sich bereits unter Chlodwigs Nachfolgern: Unter seinen Söhnen und Enkeln zerfällt das Frankenreich aufgrund von Bestrebungen des regionalen Adels bereits Mitte des 6. Jahrhunderts in die drei Teile Austrasien (= Champagne, Maas- und Mosellland), Neustrien (= Westgebiet zwischen Schelde und Loire, inkl. Paris) und Burgund (= Loire- und Rhônegebiet, inkl. Orléans).

In Austrasien, vor allem im Maas- und Moselgebiet, liegen die Güter der Familie der Pippiniden, die als Hausmeier, d. h. oberste Verwalter, der Merowingerkönige von unfreien Beamten zu freien Adligen mit Landbesitz aufgestiegen waren. Pippin II. der Mittlere (679–714), zunächst Hausmeier von Austrasien, regierte 687 nach dem Sieg bei Tertry über den Hausmeier von Neustrien-Burgund über das Gesamtreich. Sein

Ulfberth-Schwert, 9./10. Jh., Fundstück aus dem Rhein bei Mannheim (Germanisches Nationalmuseum, Nürnberg)

unehelicher Sohn Karl Martell (714–741) kann das Frankenreich durch militärische Siege im Inneren wie Äußeren (732 Sieg über die Araber zwischen Tours und Poitiers) weiter einen und erweitern. Durch einen Staatsstreich macht sich sein Sohn Pippin (751–768) systematisch zum Alleinherrscher im Frankenreich: 743 wird der letzte merowingische Schattenkönig abgesetzt, 747 tritt Pippins Bruder und Mitregent Karlmann in ein Kloster ein, 751 wird Pippin in Soissons zum König aller Franken ausgerufen und von einem Legaten des Papstes gesalbt.

Auf dieser Basis errichtete sein Sohn, der Weihnachten 800 in Rom zum Kaiser gekrönte Karl der Große (768–814), das erste mittelalterliche Imperium. Es reichte bei Karls Tod

Albrecht Dürer: Karl der Große, 1512 (Germanisches Nationalmuseum, Nürnberg)

von Nordspanien bis zur dänischen Grenze, von der Bretagne bis Ungarn, von Friesland bis Italien. Um dieses Riesenreich zusammenzuhalten, waren nicht nur militärische Erfolge, sondern politischer Rückhalt bei den regionalen Machtinhabern und eine gute Verwaltung nötig. Eine wichtige Integrationskraft auf regionaler und lokaler Ebene war die Kirche über den systematischen Auf- und Ausbau von Bistümern, Klöstern und Pfarrkirchen. Die andere Basis war eine hierarchisch aufgebaute Verwaltung mit dem König an der Spitze, umgeben von einer gut funktionierenden Kanzlei, die über ein ausgeklügeltes System von Königsboten („Missi dominici") die Erlasse des Herrschers zu den regionalen und lokalen Herrschern und Amtsinhabern brachte. Unter dem König gab es an adligen Machtvertretern Herzöge, Grafen, in den Grenzgebieten Markgrafen und Vögte, hinzu kamen die so genannten Ministerialen als unfreie „Beamte" im Dienst des Königs, Herzogs oder Grafen.

Da die Geldwirtschaft im Frühmittelalter weitgehend zum Erliegen gekommen war, stellte der Landbesitz die wichtigste Einkommensquelle und die Basis für jeglichen Herrschaftsanspruch dar. Da es keine übergeordnete Verfassung gab, war Herrschaft personengebunden. Die Voraussetzung für den Aufstieg der Karolinger bildete einerseits ihr umfangreicher, auf den Maas-Mosel-Raum konzentrierter „Hausbesitz", andererseits der Besitz ihrer Anhänger, die einen zweckorientierten „Personenverband" um die Herrscherfamilie bildeten. Die Mitglieder des Hochadels waren vor allem an der Sicherung und Ausweitung des eigenen Machtbereichs interessiert, was durch die – stets aufkündbare – Bindung an eine mächtigere Familie oder Person bzw. die Verbindung mit anderen Adelsfamilien am ehesten garantiert war. Dieses Prinzip des gegenseitigen Profits wurde von den Karolingern zur Grundlage eines Systems von Machtteilhabe und Herrschaftsbindung, das unter dem Oberbegriff des „Lehnswesens" das ganze Mittelalter geprägt hat und letztlich bis zum Ende des Feudalis-

Münzen von Kaiser Friedrich I. Barbarossa, 1152–1190 (Germanisches Nationalmuseum, Nürnberg)

Braunschweig (Niedersachsen), Herzogspfalz am Burgplatz

Urkunde König Ottos III., 993 (Germanisches Nationalmuseum, Nürnberg)

mus durch die Französische Revolution 1789 bzw. der Aufhebung des Deutschen Reiches 1806 Gültigkeit besaß.

Das Lehnswesen beruht auf dem Prinzip „Dienst gegen Land". Im juristischen Sinne benennt es die Gesamtheit der Institutionen, die zwischen einem Freien, dem „Herren", und einem anderen Freien, dem „Vasallen", Verbindlichkeiten zweifacher Art schaffen und regeln. Der Vasall verpflichtet sich zu Gehorsam und Dienst, zumeist Waffendienst, er „leiht" gewissermaßen seine Gefolgschaft. Der Herr verpflichtet sich zu Schutz und Unterhalt, zumeist durch das Lehensgut (lat. feodum) oder andere materielle Zuwendungen. Feudalismus ist somit eine Gesellschaftsform, die durch dieses duale Abhängigkeitsverhältnis geprägt ist. Sie zeichnet sich durch eine starke Hierarchisierung und gleichzeitig Zersplitterung der Eigentumsverhältnisse wie der öffentlichen Gewalt aus.

Die Verleihung eines Lehens ist ein Rechtsvorgang, der durch einen offiziellen, gegenseitigen Akt besiegelt wurde. Beim so genannten „Handgang" (lat. commendatio) legte der zukünftige Vasall seine Hände in die seines Herren, so wie der Dänenkönig Harald 826 seine Hände in die Kaiser Ludwig des Frommen legte:

„Mit zusammengelegten Händen übergab er sich aus freien Stücken dem König …
Und der Kaiser selbst empfing diese Hände in seinen ehrwürdigen Händen."
(zit. nach Ganshof 1967, S. 27)

Spätestens seit 757 wurde die Kommendation von einem Treueid des Vasallen begleitet, wie die älteste überlieferte Lehnshuldigung durch den Bayernherzog Tassilo III. an König Pippin III. belegt:

„Und da kam Tassilo, Herzog von Bayern, und kommendierte sich durch die Hände in die Vassalität (in vasatico se commendans per manus). Er schwor zahlreiche und unzählbare Eide, legte seine Hände auf die Reliquien der Heiligen und versprach dem König Pippin und seinen bereits erwählten Söhnen, den Herren Karl und Karlmann, die Treue so zu halten, wie

sie ein Vasall seinem Herrn in Aufrichtigkeit und unwandelbarer Ergebenheit halten soll."
(zit. nach Ganshof 1967, S. 29–30)
Wurde das Lehen (althochdt. lêhan = leihen, darleihen) ursprünglich als zeitlich begrenzte Leihe unter vorbehaltenem Eigentumsrecht verstanden, welches der Herr dem Vasall bei Nichterfüllung der Pflichten jederzeit entziehen konnte, so wurden daraus in der Folge lebenslange und sogar vererbbare Ansprüche abgeleitet. In der „klassischen" Zeit des Lehnswesens von 900 bis 1250 lässt sich zugleich eine Vermehrung wie Ausdifferenzierung der Verbindungen beobachten. War die Vergabe eines Lehens oder „beneficiums" zunächst als Versorgungsinstrument für wirtschaftlich schwächere Gefolgsleute aus niederen Adelsrängen bestimmt, wurden nun auch reich begüterte Mitglieder des Hochadels zu Vasallen, ebenso wie vormals unfreie Dienstmannen und Soldaten („miles"), die mit dem Vasallitätsverhältnis nobilitiert wurden. Auch kirchliche Personen und Institutionen, Bischöfe ebenso wie Klöster und ihre Güter, waren Teil des Lehnssystems. Ergebnis war die so genannte „Lehnspyramide", die das gesamte Reich hierarchisch strukturierte. Größere Vasallen wurden selbst zu Lehnsherren, die Eigentum, das sie eigentlich nicht besaßen, an Vasallen weiterverliehen. Es bestand die Möglichkeit, Lehnsverbindungen mit mehreren Herren einzugehen und damit Lehen zu akkumulieren – im Kriegsfall zwischen den Herren aber ebenso in Konflikt zu geraten. Die Folge waren ein undurchschaubares Geflecht von Abhängigkeiten und eine Feudalisierung des gesamten staatlichen Lebens.

Es fällt auf, dass die „klassische" Zeit des Lehnswesens vom 10. bis 13. Jahrhundert auch die große Zeit des Burgenbaus in Mitteleuropa war, die mit etwas zeitlicher Verzögerung ab dem 11. Jahrhundert einsetzte. Doch bereits in karolingischer und ottonischer Zeit ist in den Quellen immer wieder von Burgen die Rede, die als „beneficium" vergeben wurden. Sie sind, da sie vermutlich zum größten Teil aus Holz und Lehm bestanden, nur noch archäologisch nachweisbar. Die wenigen aus dieser Zeit erhaltenen steinernen Burgen oder burgähnlichen Pfalzen gehörten dem Hochadel, Königen oder Bischöfen. Erst ab der zweiten Hälfte des 11. und vor allem ab dem 12. Jahrhundert wurden auch kleinere Burgen des mittleren und niederen Adels in Steinbauweise errichtet. Die qualitative Steigerung ging mit einem quantitativen Aufschwung einher. Die Mehrheit der rund 10000 zumindest in Ruinen erhaltenen Burgen in Deutschland, Österreich und der Schweiz entstanden ab 1100. Ihre Erbauer und Bewohner entstammten nicht mehr allein dem Hochadel, viele waren Mitglieder eines neuen Standes, der prägend für die hochmittelalterliche Gesellschaft wurde: der Ritter.
Berufskrieger („miles") gab es bereits unter Karl dem Großen, doch erst im 11. und 12. Jahrhundert erscheinen die Ritter als eigener sozialer Stand. Der Aufstieg des oft unfreien „miles" zum freien und zumeist adligen „Ritter" ist eine Folge des Lehnswesens. Als Belohnung

*Echternacher Codex, Otto III. auf dem Buchdeckel (unten links), um 985
(Germanisches Nationalmuseum, Nürnberg)*

für seinen Waffendienst erhielt der Kämpfer den Status des Freien und Land zu seiner Versorgung, das er sich als Lehen übereignen ließ. Mit der zunehmenden Erblichkeit von Lehen wurde das Lehensgut praktisch zum Familieneigentum, das nun auch eigene Investitionen lohnte. Zwar war der Burgenbau ein Recht des Königs oder Herren („Regal"), doch wurden die meisten Burgen wohl in Eigenregie errichtet. Die

Ritterburgen waren überwiegend kleine bis kleinste Anlagen auf dem Gebiet ihrer Grundherrschaft. Höhere Adlige, deren Herrschaftsbereich weiter verteilt war, wählten einen Hauptsitz und überließen die Verwaltung weiter entfernter Grundherrschaften auch örtlichen Verwaltern, unfreien Ministerialen. Sie wurden auf ähnlichem Wege und zur selben Zeit zu Grundherren wie die Ritter und bildeten die zweite große Gruppe der Burgherren im Mittelalter. Der Burgenboom des Hochmittelalters kann als Zeichen der sinkenden Macht des Königs und des sozialen Aufstiegs einst unfreier Bevölkerungsgruppen in den Adelsstand gesehen werden. Sie profitierten von der sinkenden Macht der Zentralgewalt und der Zersplitterung der Grundherrschaft, auch wenn sich ihr Lebensstandard häufig nicht wesentlich von dem eines besser gestellten Bauern unterschied. Auf Reichsebene beginnen die partikularistischen Tendenzen unter den Nachfolgern Karls des Großen, besiegelt vom Vertrag von Verdun 843 mit der neuerlichen Aufteilung des Imperiums in ein Westreich unter Karl dem Kahlen, ein Mittelreich unter Lothar I. und ein Ostreich unter Ludwig dem Deutschen, die im Laufe des 9. und 10. Jahrhunderts weiter zerrissen werden.

Aus den verschiedenen Stammesherzogtümern auf dem Gebiet des einstigen Ostgebiets entsteht Mitte des 10. Jahrhunderts unter Führung der sächsischen Herzöge das Ottonenreich. Mit der Kaiserkrönung Ottos I. (936–973) in Rom 962 scheint die innenpolitische Lage der rivalisierenden Herzöge und Personenverbände zunächst stabilisiert, doch der Streit um die Herrschaft nach dem Tod von Otto II. (973–983) zeigt die Schwäche des Königsamtes und seine Abhängigkeit von mächtigen Parteigängern aus Hochadel und Kirche an. Dass Otto II. seinen Sohn Otto III. bereits als Dreijährigen zum Mitkönig krönen ließ, offenbart die Sorge der mittelalterlichen Herrscher und ihrer unmittel-

St. Goar (Rheinland-Pfalz), Burg Rheinfels, Kernburg, um 1250/60 von den Vögten der Abtei Prüm errichtet

Burg Tirol (Südtirol), Burganlage von Westen

baren Gefolgsleute um den Machterhalt.

Diese Sorge bewegte nicht nur die Ottonen, sondern auch die folgende, aus dem Rhein-Mosel-Raum stammende Dynastie der Salier ebenso wie die Stauferkaiser des 12. und frühen 13. Jahrhunderts. Die selbst unter augenscheinlich „starken" Herrschern wie Kaiser Friedrich Barbarossa (1152–1190) labilen Machtverhältnisse offenbart sein Versuch, seinen Neffen und Rivalen Heinrich den Löwen mit der Belehnung des Herzogtums Bayern als Vasallen an sich zu binden. 1180 werden Heinrich wegen Landfriedensbruch seine Reichslehen, die Herzogtümer Bayern und Sachsen, entzogen und unter anderen Grafen und Herzögen aufgeteilt bzw. reichsunmittelbar. Über die Folgen, welche die Entmachtung Heinrichs für seine Gefolgsleute bis hin zu den kleineren Rittern und Ministerialen

hatte, ist in den Geschichtsbüchern nur wenig überliefert. Doch immer wieder bedeutete der Fall eines hohen Herren auch den Ruin seiner Vasallen, deren Burgen und Grundherrschaften eingezogen und an die Parteigänger des neuen Herren vergeben wurden.

Dass am Prinzip des Lehnswesens auch bei den veränderten sozialen Realitäten im Spätmittelalter festgehalten wurde, zeigt das Beispiel der Burg Runkelstein bei Bozen. Die Burg wurde ab 1237 von den Brüdern Friedrich und Beral von Wangen errichtet, die Gefolgsleute des Trienter Bischofs waren und bei ihrem Herren, dem Trienter Bischof Alderich, der zugleich Graf, Herzog und Markgraf des Etschtals war, die Erlaubnis einholen mussten. 1259 wurde Meinhard II. Graf von Tirol und bemühte sich bald intensiv um den Ausbau seiner Herrschaft zu einer geschlossenen Grafschaft beiderseits des Brenners. Dabei stand ihm der Bischof von Trient entgegen, der formell der Landesherr und sein Lehnsherr war. 1277 konnte Meinhard das mit Heinrich verbündete Adelsheer besiegen, zu dem auch die Herren von Wangen gehörten. Sie mussten Burg Runkelstein verlassen, welche an den Bischof von Trient als Lehnsherren zurückfiel. Dessen Vogt, Graf Meinhard II., besetzte Runkelstein mit einem seiner Anhänger, der jedoch offiziell Lehnsmann des Trienter Bischofs war. Es folgten mehrfach Belehnungen an unterschiedliche niedere Adlige, zuletzt Cyprian von Vilanders, der die mittlerweile ruinöse Burg 1385 an die reichen Bozener Bürger Nikolaus und Franz Vintler verkaufte, die damit zu Vasallen des Trienter Bischofs wurden.

Der geschickte Kaufmann Nikolaus Vintler war vom österreichischen Herzog Leopold 1392 zum Amtmann und damit höchsten Finanzbeamten Tirols ernannt worden. Die Landesfürsten bedienten sich im 14. und 15. Jahrhundert häufig wohlhabender und loyal gesinnter Familien aus dem Bürgerstand für Verwaltungsaufgaben. Vielen ge-

lang auf diesem Wege die ersehnte Erhebung in den Adelsstand, so 1493 auch den Vintlern. Mit dem Kauf und Ausbau von Runkelstein dokumentierte Nikolaus Vintler den erreichten Rang. Runkelstein war zu dieser Zeit keine Wehrburg mit umfangreichem Landbesitz mehr, sondern diente den weiterhin in Bozen residierenden Vintlern als prunkvoll ausgestatteter Sommersitz.

Trotz der Modernisierung blieben die Regeln des Feudalsystems bestehen. Nach dem Tod Nikolaus Vintlers wurde sein Bruder Franz 1413 allein mit der Burg belehnt. Nach dessen Tod blieb Runkelstein in Familienbesitz. 1463–1465 diente Runkelstein als Exilresidenz des Trienter Bischofs Georg von Hack, der als Lehnsherr das Recht hatte, sich die Burg jederzeit öffnen zu lassen. Kurz darauf erlangte Runkelstein für kurze Zeit wieder militärische Bedeutung: 1478 erwarb Erzherzog Sigismund (1446–1490) die Anteile der verschiedenen Familienmitglieder, da er Runkelstein als zusätzlichen Stützpunkt und Waffenlager für die ab 1473 ausgebaute Festung Sigmundskron bei Bozen nutzen wollte. Er ließ sie mit einem Verwalter aus dem niederen Adel besetzen. Sein Nachfolger als Tiroler Landesherr, Kaiser Maximilian I. (1459–1519), fand eher Gefallen an der Burg als Jagdschloss und ordnete die Instandsetzung von Gebäuden und Fresken an. In den folgenden Jahrhunderten sah Runkelstein verschiedene Besitzer, dar-

Runkelstein, Wappen der Brüder Vintler, um 1385

rechte Seite: Burg Runkelstein bei Bozen (Südtirol) nach dem Ausbau durch die Brüder Vintler ab 1385

unter die Grafenfamilie von Liechtenstein und Kaiserin Maria Theresia, die jedoch nie auf der Burg wohnte. Auch das Lehnswesen auf Runkelstein hatte ein Ende gefunden, statt dessen saßen Pächter auf der Burg.

Burgen als Herrschaftsbauten

Der Begriff „Burg" erscheint schon im Mittelalter und ist von dem seit dem 2. Jahrhundert nachgewiesenen Wort „burgus" (= befestigter Ort) abgeleitet. In den Quellen erscheinen „Burg" bzw. „burgus" neben zahlreichen, häufig synonym verwandten Begriffen wie Haus, Schloss, Kastell, castrum, arx, palatium. Als ausschließliche Bezeichnung für den umwehrten isolierten Wohnbau des Adels hat sich der Begriff „Burg" erst im 13. Jahrhundert entwickelt, nachdem sich für die befestigte Stadt das Wort „stat" statt „burc" durchsetzte. Im Eltzer Burgfrieden von 1430 heißt es: „Were von uns den andern ... binnen diesen Burch ... dot schlüge ... derselbe sal von Stont an das Huss rumen, und hie, noch sine Erben sollen sich nummer Rechten an Schlosse Eltze vermessen."

Die in der deutschen Sprache heute geläufige Unterscheidung von „Burg" und „Schloss" verkürzt den Blick auf die vermeintliche Kombination bzw. Trennung von Wohnen und Verteidigen. Sie geht davon aus, dass die Burg Aspekte des adeligen Wohnens und der Verteidigung in sich vereinigt, während das Schloss ein repräsentativer, aber zur Verteidigung ungeeigneter Herrschaftsbau ist, was z. B. bei vielen Renaissanceschlössern nicht der Fall ist. Im Englischen und Französischen wird für Burgen und Schlösser gleichermaßen das vom lateinischen „castrum" abgeleitete Wort „castle" bzw. „château" verwandt.

Burgen werden von der Kunstgeschichte der großen Gruppe der Profanbauten zugerechnet. In ihnen verbinden sich die zivilen Funktionen des Wohnens und Wirtschaftens mit der militärischen Funktion als Wehrbau. Im Mittelalter stand die Burg nicht isoliert, sondern war mit einer zugehörigen Grundherrschaft zur Sicherung der Einkünfte verbunden. Bei Belehnungen verlieh der Herr nicht einfach eine Burg, sondern eine Burg in Verbindung mit einer Grundherrschaft. In geringerem Umfang konnte der Vasall auch mit anderen Einnahmequellen

Hall (Tirol), erzherzogliches Wappen von Österreich, 1480

Salzburg, bischöfliche Burg, Wohnbau des Spätmittelalters (1479) von der Stadt aus gesehen

wie einer Zollstelle, einer Bergbau-Beteiligung oder einem Amt belehnt werden. Wie das Beispiel der Burg Runkelstein bei Bozen zeigt, wurde der Belehnungsakt auch dann vorgenommen, wenn die Erbauer Eigentümer der Grundherrschaft waren, die Burg aus eigenem Antrieb errichteten und den Bau vollständig aus eigener Tasche bezahlten. Als Gefolgsleute des Bischofs von Trient unterstellten die Herren von Wangen die neue Burg dem Schutz des Landesherren und versicherten ihm im Gegenzug ihre Treue.

In der Verbindung von Bauwerk und Grundherrschaft sind Burgen immer Herrschaftsbauten. Gilt dies bereits für kleine Vasallenburgen, so in weit stärkerem Maße für die Burgen des Hochadels und der Landesherren. Diese waren Eigentümer einer Vielzahl größerer und kleinerer Burgen, die aufgrund ihrer weit verstreuten Besitztümer und Herrschaften oft weit voneinander entfernt lagen. Im Gegensatz zu Frankreich, wo zumindest während der Regierungszeit des Königs Philippe II.

Auguste (1180–1223) auffällig viele regelmäßige Rechteckanlagen entstehen, scheinen die deutschen Könige kein „Bauprogramm" besessen zu haben. Auch die bei den Stauferburgen häufigen Buckelquader sind eher ein europaweit verbreitetes Modephänomen der Zeit, denn ein „Alleinstellungsmerkmal" der staufischen Herrscherburgen, auch wenn diese in einigen Fällen als „Trendsetter" gewirkt haben mögen.

Die mittelalterlichen Könige und Kaiser besaßen keinen festen Wohnsitz. Hinter dem Stichwort „Reisekönigtum" verbirgt sich ein stetes Wanderleben durch die eigenen Herrschaftsgebiete über teilweise enorme Distanzen, wie aus den Itinerarien (= Weg- und Stationenverzeichnissen) hervorgeht. So befand sich Otto II. (973–983) im Frühjahr 972 in Rom, wo an Ostern seine Trauung mit der byzantinischen Prinzessin Theophanu und seine Krönung als Mitkaiser stattfand. Anfang Mai zogen die Neuvermählten durch Italien Richtung Deutschland, wo sie Anfang August eintrafen. Am

14. August ist Otto in St. Gallen, am 17. August auf der Reichenau belegt, wo das Kaiserpaar in den beiden Reichsklöstern Unterkunft fand. Den Herbst verbrachte das Kaiserpaar nacheinander in den Kaiserpfalzen Ingelheim, Trebur und Nierstein, das Weihnachtsfest feierten sie in Frankfurt, um wenig später in die sächsischen Stammgebiete nach Magdeburg und Quedlinburg aufzubrechen – stets in Begleitung eines entsprechenden Trosses, der untergebracht und versorgt werden wollte.

Trifels (Rheinland-Pfalz), Ansicht von Wohnturm mit Kapellenerker und 1937–38 rekonstruiertem Saalbau

Die landesherrlichen Pfalzen und Burgen standen während der Abwesenheit der Besitzer nicht leer, sondern wurden zumindest von einem Verwalter bewohnt. Besonders die Königsburgen wurden aber auch an Vasallen vergeben, die den Herren und sein Gefolge im Bedarfsfall unterzubringen und zu verpflegen hatten. Der Herrscher war weiterhin an den Einkünften aus der zugehörigen Grundherrschaft beteiligt. Zu den prominentesten Anlagen gehört die Burg Trifels (Rheinland-Pfalz). Die wohl von einem Diemarus von Trifels Ende des 11. Jahrhunderts erbaute Burg gelangte über den Mainzer Erzbischof 1113 in Besitz des Salierkaisers Heinrich V., der sie mit Ministerialen besetzte. Berühmtheit erlangte die Burg unter dem Stauferkönig Heinrich IV., der hier im Frühjahr 1193 den englischen König Richard Löwenherz gefangen hielt. Kaiser Friedrich II. (1210–1250), der die meiste Zeit seines Lebens in Italien verbrachte, weilte während seiner Deutschlandaufent-

Wartburg (Thüringen), Blick auf Palas, 1157/62, und Vorburg, um 1200/14. Jh.

*Burghof der
Ganerbenburg Eltz
(Rheinland-Pfalz),
13. Jh., Umbauten im
15. und 16. Jh.*

halte mehrfach auf dem Trifels und bestimmte die Burg zum Aufbewahrungsort der Reichskleinodien, wo sie bis Ende des 13. Jahrhunderts mit Unterbrechungen immer wieder lagen. Die Burg selbst wurde von wechselnden Ministerialen bewohnt, die als Burggrafen auch die angrenzenden Reichs- und Eigengüter der Staufer verwalteten.

Den extremen Gegensatz zu den Reichs- und Landesherren, die eine Vielzahl von Burgen nicht nur als Reichs-, sondern auch Eigenbesitz innehatten, bilden die Anteilseigner, die sich zu mehreren den Besitz einer Burg

teilten. Zu dieser Gruppe gehören auch die so genannten **Ganerbenburgen**, bei denen zumeist mehrere Zweige einer Familie eine Burganlage bewohnten, wobei die einzelnen Teileigner in der Regel ein eigenes Wohngebäude bzw. einen Gebäudeteil innehatten. Dass es nicht immer friedlich in einer solchen Ganerbengemeinschaft zuging, zeigt der oben zitierte „Burgfrieden" von Burg Eltz (Rheinland-Pfalz), wo neben Bauunterhaltung und Finanzierung des Wächters und zweier Pförtner auch Verhaltensweisen nach einem etwaigen Totschlag geregelt werden.

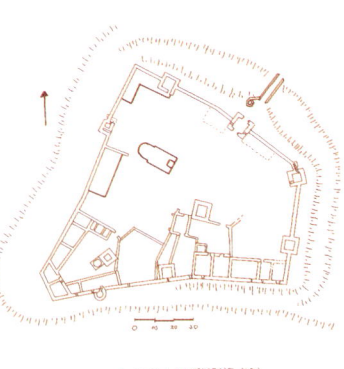

oben: Herschfeld, Salzburg, Plan der
Ganerbenburg des frühen 13. Jh.

links: Einzelne Wohnhäuser bestimmen
die Hofansicht der Ganerbenburg
Montfort (Rheinland-Pfalz), 14. Jh.

Wolkenstein (Südtirol),
Innenseite der
Felsenburg, 13. Jh.

Die Burg Tarasp (Graubünden) sperrt einen Alpenübergang westlich von Brenner und Vintschgau.

So großzügige Wohnverhältnisse waren auf den meisten „Anteilsburgen", die ursprünglich nicht für mehrere Wohnparteien vorgesehen waren, jedoch nicht vorhanden. Kein Einzelfall wird die im 14. Jahrhundert errichtete Burg Wolkenstein (Südtirol) gewesen sein. Die Stammburg der weit verzweigten Südtiroler Adelsfamilie von Wolkenstein ist ein halb in den Berg gebautes „Felsnest", wie der bekannteste Spross der Familie, der Minnesänger und Lebemann Oswald von Wolkenstein (1377–1445), diese Art Felsenburg genannt hätte. Oswald war zu einem Viertel Anteilseigner an der aus einem viergeschossigen turmartigen Wohnbau bestehenden Burg, in der

er mehrfach Zuflucht suchen musste. Wolkenstein war nicht die einzige Tiroler Burg und Grundherrschaft, an der Oswald Anteile besaß, die er auf Kosten der anderen Teilhaber zu vermehren suchte. Jahrelang dauerte der Streit um seinen ererbten Drittelbesitz an der Burg Hauenstein, die er 1418 zeitweilig besetzte, um seiner Forderung Nachdruck zu verleihen. 1427 machte der Tiroler Landesfürst Herzog Friedrich dem Streit ein Ende. Er nahm Oswald gefangen und zwang ihn zur Rückgabe der unrechtmäßig besetzten Burgen und Ländereien, die er den anderen Anteilseignern für eine hohe Geldsumme abkaufen musste.

Funktionen der Burg

Burgen hatten vielfältige Aufgaben. Ihre Hauptfunktion war, als verteidigungsfähiger Wohnsitz des Adels zu dienen. Die Verbindung von Burg und Grundherrschaft machte die Burg gleichzeitig zu einem Wirtschaftszentrum. Besonders Burgen von Grafen, Vögten und natürlich Königsburgen waren Mittelpunkte der Verwaltung, Jurisdiktion und Politik. Als Aufenthaltsorte des Adels, der neben dem – ebenfalls überwiegend aus dem Adel stammenden Klerus – der Hauptträger der Kultur im Mittelalter war, waren Burgen auch Kulturzentren. Für eine meist begrenzte Zeitdauer konnten sie auch Sonderfunktionen übernehmen. So diente die Burg Trifels wie erwähnt 1193 als Gefängnis des Königs Richard von Löwenherz und im 13. Jahrhundert als zeitweiliger Aufbewahrungsort der Reichskleinodien. Viele Burgen finden sich entlang der großen Verkehrs- und Handelswege. Beispiele sind das Inntal und das Etschtal nördlich und südlich des Brenners als wichtigstem Alpenpass im Mittelalter und Hauptverbindung von Deutschland nach Italien. Die Burgen dienten der Sicherung der Wegeverbindungen, zu denen der Landesherr auf den Reichsstraßen verpflichtet war. Dazu zählte die Instandhaltung der Wege ebenso wie der Schutz vor Räubern, wie aus dem wichtigsten mittelalterlichen Rechtsbuch, dem „Sachsenspiegel" Eike von Repgows (1. Hälfte 13. Jahrhundert), bzw. seiner Bearbeitung, dem „Deutschenspiegel", hervorgeht, nach dem auf das Ausrauben von Kaufleuten, Pilgern und Priestern die Todesstrafe steht:

> „Swer die beraubet uf der straze, den sol man henken ze der straze, niht an den galgen dâ man ander liute henket." *(zit. nach Mühlberger 1999, S. 76)*

Dass es trotz solcher abschreckender Strafen zu häufigen Übergriffen kam, zeigen die vielen Geleitschutz-Verträge, welche die großen Handelsstädte mit den örtlichen Grafen schlossen, so im 14. Jahrhundert die Stadt Augsburg mit den Grafen von Tirol.

Kaub, Pfalzgrafenstein (Rheinland-Pfalz), Zollburg

Klause bei Mühlbach
im Pustertal
(Südtirol),
Spätmittelalterliche
Burg als Wegesperre

Neben einem Entgelt für das Geleit waren für viele Straßenabschnitte Waren- und Wegezölle zu entrichten. Zollstationen fanden sich an Herrschaftsgrenzen und an besonderen Wegabschnitten, etwa Brücken oder Engstellen. Meist ist in unmittelbarer Nähe eine Burg zu finden, die die Zoll- und Grenzstelle sicherte und dem Reisenden unmissverständlich den Kontroll- und Einnahmeanspruch des Besitzers vor Augen führte.

Die besten und schnellsten Fernverbindungen waren im Mittelalter die Flussläufe. Hier ist ein Grund für den Burgenreichtum entlang steiler Flusstäler wie dem Mittelrhein, der Mosel, dem Saaletal und der Donau zu suchen. Das Rheintal zwischen Mainz und Köln bestand im Spätmittelalter aus einer dichten Folge von Zollstellen. Sie lagen unmittelbar am Ufer des Stroms, deutlich markiert und gesichert von einer oberhalb liegenden Burg. Noch der Maler Albrecht Dürer musste 1520 bei seiner Reise von Nürnberg in die Niederlanden insgesamt zehn Zollstellen zwischen Eltville und Andernach passieren. Eine davon war Sankt Goar mit der oberhalb gele-

genen Burg Rheinfels, die er in einer Zeichnung festgehalten hat. Rheinfels, im 13. Jahrhundert von den Grafen von Katzenelnbogen erbaut, war zu diesem Zeitpunkt durch Erb- fall in den Besitz der Landgrafen von Hessen übergegangen, die damit eine Brücke zum Rhein als einen der bedeutendsten Verkehrswege Mitteleuropas besaßen.

Fürstlich Drehna (Brandenburg), spätmittelalterliche Vierflügel-Anlage aus dem 15. und 16. Jh.

Neipperg (Baden-Württemberg), Burganlage oberhalb des gleichnamigen Dorfes

BAUTEN UND BAUFORMEN

Die Lage und äußere Erscheinung der Burgen

Der Standort einer Burg ist von verschiedenen Faktoren abhängig. Neben historischen und politischen Gründen, die mit der zur Burg gehörenden Grundherrschaft in Verbindung stehen, ist die Wahl des genauen Bauplatzes von geographischen Aspekten beeinflusst. So gewähren Hänge oder Felskuppen in bergigen Gebieten eine gewisse Sicherheit und Überblickslage, die man ausnutzen wollte. Im Flachland können Seen und Wasserläufe natürliche Hindernisse bilden, die zu den Verteidigungsanlagen der Burg beitragen.

Die meisten mittelalterlichen Burgen befinden sich in unmittelbarer Nähe zur Haupteinnahmequelle ihrer Besitzer, d. h. zur jeweiligen Grundherrschaft, Zollstelle, zum Bergwerk oder Handelsplatz. Sie finden sich daher in der Nähe zu einer Siedlung, deren Bewohner die Versorgung der Burg gewährleisteten. Zahlreiche kleinere Burgen, wie das im 15. Jahrhundert errichtete Fronhausen bei Marburg, liegen daher am Rande von Dörfern, aus denen der Burgherr seine Einkünfte bezog. Das Beispiel der im 15. und 16. Jahrhundert zu einem prächtigen Vierflügelbau ausgebauten Burg Fürstlich Drehna (Brandenburg) zeigt, dass auch größere Anlagen in dörflicher Randlage errichtet wurden. Hingegen handelt es sich bei Burgen am Rand von Städten zumeist um Gründungen des Hochadels, die auch selbst aktiv als Stadtgründer tätig waren, um als Stadtherren von den Einkünften aus Handwerk und Handel zu profitieren, wie dies für die Landgrafen von Thüringen belegt ist (z. B. Eisenach, Marburg).

Es gibt jedoch etliche Burgen, die nicht unmittelbar bei einem Ort, sondern „frei" in der Landschaft liegen und allenfalls mit einem Wirtschaftshof ausgestattet sind. Vielfach hat diese scheinbar isolierte Lage mit dem Verlauf der Verkehrswege im Mittelalter zu tun. Manche heute abgelegen erscheinende Burg – ein prominentes Beispiel ist wiederum die Wartburg bei Eisenach – befand sich einst an einer wichtigen Fernstraße, die oft einen anderen Verlauf hatten als die heutigen Bundes- und Landstraßen. So wurden mittelalterliche Straßen bevorzugt über Höhenzügen bzw. Hanglagen im Gebirge angelegt, da die Täler zu sumpfig oder durch wilden Bewuchs und Gebirgsbäche zu eng und unwegsam waren. Erst der neuzeitliche Chausseebau machte die Verlagerung der Straßen in die Täler möglich, nachdem diese weitgehend trockengelegt waren.

Wo die geographische Lage gewisse Wahlmöglichkeiten offen ließ, machte man den genauen Standort der Burg von der Funktion abhängig.

Burgk (Thüringen), Tafel zum Brückengeld aus dem 19. Jh.

Der Abstand zu dem zu sichernden Objekt – z. B. eine Straße, Brücke, Furt oder Zollstelle – bzw. der Grundherrschaft war ein vorrangiges Argument für den Standort. So hat man in bergigem Gelände häufig die Burg nicht auf die Kuppe platziert, sondern an einen Hang, um in der Nähe des unterhalb verlaufenden Verkehrswegs, der Stadt oder den Ländereien zu sein.

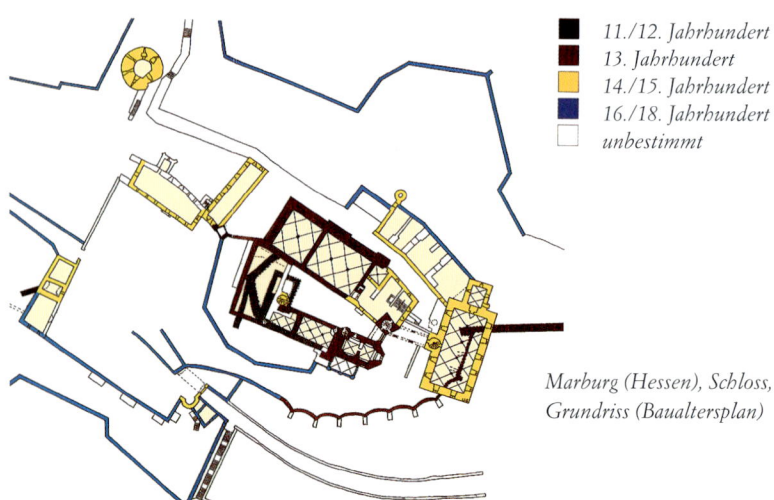

■ 11./12. Jahrhundert
■ 13. Jahrhundert
■ 14./15. Jahrhundert
■ 16./18. Jahrhundert
□ unbestimmt

Marburg (Hessen), Schloss, Grundriss (Baualtersplan)

Aggstein (Niederösterreich), Blick vom „Bergfried" auf den Wohnbau der Burg, im Hintergrund das Donautal

Gesamtanlage / bauliche Erscheinung

Die meisten Burgen und Burgruinen befinden sich auf einem Berg, Hügel oder zumindest einer leichten Anhöhe. Diese Standortwahl ist primär verteidigungsstrategisch begründet. Zum einen erlaubt die erhöhte Position einen guten Überblick über das umliegende Gelände und damit die Möglichkeit, jeden Herannahenden und vor allem einen eventuellen Feind besser beobachten zu können. Zum anderen stellt jede Erhebung für einen Angreifer ein Hindernis und eine Sichtbarriere dar, das den Zutritt und Ansturm auf ein Bauwerk erschwert, während er sich zugleich offen dem Verteidiger präsentiert. Wo immer möglich, wählte man daher einen erhabenen Standort. In der Ebene bot schon eine Erhebung von wenigen Metern einen minimalen Vorteil bei der Verteidigung, der zur Not durch eine künstliche Aufschüttung des Geländes erreicht wurde. Bei längeren Belagerungen bestand für die Burgbesatzung allerdings ein Versorgungsproblem, da gerade bei hoch gelegenen Burgen der Lagerplatz für Vorräte begrenzt war und Nachschub nur schwer beschafft werden konnte.

Der praktische, militärstrategische Grund hatte gewissermaßen einen symbolischen Nebeneffekt. Die erhöhte Position im Gelände kann durchaus als Zeichen für die „erhabene" Stellung des Adels in der mittelalterlichen Gesellschaft gesehen werden, der damit seinen Herrschaftsanspruch architektonisch zum

Ausdruck brachte und sich gut sichtbar über seinen umliegenden Ländereien positionierte. Allerdings ist stets zu bedenken, dass sich der heutige Eindruck in der Regel erheblich von der Situation im Mittelalter unterscheidet. Nicht nur der Erhaltungszustand der Burg, auch die umgebende Landschaft und die Siedlungsstruktur haben sich verändert. Heute sind viele **Hang- und Höhenburgen**, die auf einer bewaldeten Anhöhe liegen, aus der Ferne oft gut erkennbar, aus der Nähe jedoch regelrecht zugewachsen. Nähert man sich beispielsweise der Burgruine Aggstein (Wachau) oder der Heldburg (Thüringen), so verschwindet der Bau zunehmend hinter den Bäumen und taucht erst wenige Meter vor der äußeren Umwehrung aus dem umgebenden Wald auf. Hochwachsende Bäume und dichtes Gestrüpp unmittelbar vor der Burg hätte man im Mittelalter nicht geduldet, zu groß wäre die Gefahr eines unbemerkt sich nähernden Feindes gewesen. In Einzelfällen gab es allerdings dichte Hecken aus Dornengestrüpp, die im Abstand von mehreren hundert Metern die Burg umgaben und damit einen Überraschungsangriff erschwerten. Auch Städte und Dörfer konnten von einer solchen Hecke („Gebück") weiträumig umgeben und geschützt sein. Sogar ein ganzes Tal ließ sich damit in Verbindung mit einzelnen Burgen abgrenzen, wie das Beispiel der Abgrenzung des Taunus gegenüber dem Rhein zeigt.

Höhenburgen bilden zumindest verteidigungstechnisch den Idealfall einer Burg im bergigen Gelände, da sie von keiner Seite leicht zu erobern waren. Auf dem allseits abfallenden Bergrücken war genügend Platz für die Burg, aber kein Raum für den Aufmarsch eines Angreifers. Vor allem bei Burgen, die zur Sicherung und Kontrolle einer Zollstelle, Brücke oder Furt dienen sollten, etwa die Mainzer Burg Ehrenfels oberhalb des Binger Lochs am Rhein (14. Jahrhundert), wählte man einen Standort auf halber Höhe am Berghang in größerer Nähe zum Tal. Hangburgen bedurften einer besonderen Sicherung gegen die Bergseite, ebenso wie jene Burgen, die am Ausläufer einer Hochfläche bzw. eines Bergrückens in so genannter „Spornlage" gebaut waren, so dass der Standort gegen den übrigen Bergrücken gesichert werden musste.

Heinfels (Osttirol),
Burg über dem
Drautal

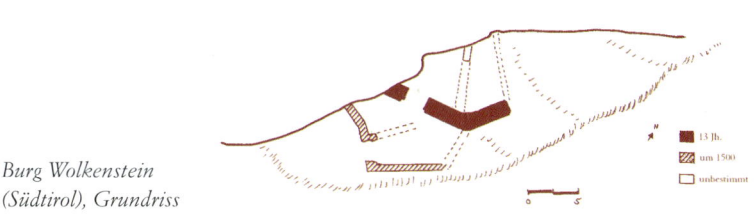

Rheda (Westfalen), Burganlage des 13. Jh. auf einem künstlichen Hügel (Motte)

Burg Wolkenstein (Südtirol), Grundriss

13. Jh.
um 1500
unbestimmt

Ein Sonderfall stellen die **Felsen- und Höhlenburgen** dar. Mit einer Felsenburg ist nicht die Überbauung einer Felsenkuppe gemeint, sondern die Nutzung eines Felsmassivs als Rückwand einer Burg. Bei einer Höhlenburg bildet eine natürliche Höhle im Fels einen Teil der Innenräume. Felsenburgen sind oft relativ klein, da sie schwierig und in unwegsamem Gelände kostspielig zu bauen waren. Viele liegen abseits von Ortschaften und waren wohl vor allem in Zusammenhang mit der Kontrolle von Passübergängen errichtet worden. Bei vielen Höhlen- und Felsenburgen, so der Burg Wolkenstein im Grödnertal (Südtirol),

sind die gemauerten Vorderseiten abgestürzt und heute nur noch als geringe Ruinen erhalten.

Für **Burgen in der Ebene** bot sich Wasser als Schutzmaßnahme und Mittel zur Verteidigung an. Ebenen waren in Mitteleuropa meist feucht bis sumpfig und von Wasserläufen durchzogen. Durch Kanalisieren der Wasserflächen konnte man unmittelbar um die Burg einen breiten Graben anlegen, eventuell sogar mehrere Gräben, die Burg und Vorburg(en) getrennt einfassten. So sicherte man nach archäologischen Erkenntnissen schon im 10. Jahrhundert Herrenhöfe und Burgen durch Wassergräben. Als trockener

Zugang zur Burg wurde ein fester Damm aufgeschüttet. Optimal war die Verbindung des Grabens mit einem offenen Wasserlauf, da dies einerseits die Zufuhr von frischem Brauchwasser sicherte und andererseits auch in trockenen Sommern genügend Sicherheit bot.

Wie die ältesten ergrabenen Beispiele, etwa die Burg Husterknupp am Niederrhein, zeigen, standen auf den künstlichen Burg-Inseln zumeist einfache Holz- oder Fachwerkhäuser.

Die Burg war neben dem Graben durch hölzerne Palisaden geschützt, die in Zeiten von Frost oder hoher Trockenheit, wenn der Wassergraben leichter passierbar war, einen zusätzlichen Schutz gegen eventuelle Angreifer boten. Die archäologischen Befunde früher Anlagen lassen diesen Burgentyp eher wie einen leicht befestigten Gutshof erscheinen. Er stellte vermutlich den Normalfall einer frühmittelalterlichen Vasallen-Burg in Verbindung mit einer Grundherr-

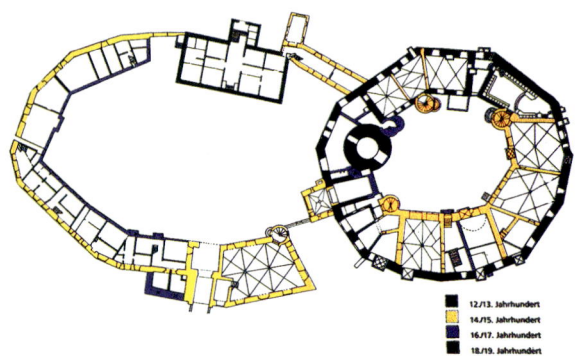

Baualtersplan der Burg Büdingen (Hessen), um 1200, die Vorburg im 14. und 15. Jh. erneuert

12./13. Jahrhundert
14./15. Jahrhundert
16./17. Jahrhundert
18./19. Jahrhundert

Husterknupp (Rheinland), Rekonstruktionszeichnung des 3. Bauzustandes, 2. Hälfte 11. Jh.

Burg Vischering in Lüdinghausen (Westfalen)

schaft dar. Sie müssen nach den schriftlichen Quellen äußerst zahlreich gewesen sein, aufgrund ihrer leicht vergänglichen Bauweise sind sie jedoch kaum erhalten und in der Regel nur archäologisch nachweisbar. Erst im Hochmittelalter entstanden auch im Flachland zunehmend Befestigungen aus Stein, die es in Berg- und Hügelgebieten etwas früher gab, da hier das nötige Baumaterial leichter zu beschaffen war. Die Wasserburg blieb während des gesamten Mittelalters und bis weit in die Neuzeit ein gängiger Bautyp und der Vorläufer der noch in der Barockzeit beliebten Wasserschlösser. Frühe Beispiele sind die Adelsburg Chillon am Genfer See und die Königspfalz Gelnhausen (beide 12. Jahrhundert), eine „klassische" Wasserburg ist die Burg Vischering in Lüdinghausen (13. Jahrhundert), aus

dem Spätmittelalter stammt das Wasserschloss Steinbach-Fürstenau (Südhessen), das zwischen dem 14. und 16. Jahrhundert errichtet wurde. Barocke Beispiele sind das Bischöfliche Schloss Ahaus (1689–97) und die Burg Vinsebeck im Kreis Höxter (1720). Bei allen Anlagen ist die Kernburg zusätzlich durch einen Wassergraben von der Vorburg abgesetzt.

Heute sind die Wasserburgen, die außerhalb von Städten liegen, meist von Büschen und Bäumen umgeben und selten von größeren Entfernungen aus zu sehen. Viele Landschaftsparks um die Burgen wurden jedoch erst im 19. und 20. Jahrhundert angelegt. Im Mittelalter und der frühen Neuzeit war der Eindruck ein anderer. Wie die Höhenburgen waren auch die Wasserburgen auf Sichtbarkeit angelegt. Ein guter Überblick in die nähere Umgebung erlaubte das Be-

obachten von herannahenden Personen und möglichen Feinden. Eine Freifläche um die Burg bedeutete damit Schutz vor überraschenden Eindringlingen und verhinderte, dass sich dieser vor der Burg leicht verstecken oder verschanzen konnte. Zugleich spielte auch das Gesehenwerden eine Rolle: Die Burg repräsentierte die Herrschaft, die von den umliegenden Ländereien aus gut wahrnehmbar sein sollte.

Nähert man sich einer Wasserburg, so trifft man zunächst auf einen breiten Wassergraben, hinter dem sich eine Mauer erhebt. Das Tor überragt die Ringmauer meist als Torturm, allerdings selten um mehr als ein Geschoss. Heute führt zumeist eine ge-

mauerte Brücke oder ein Damm über den Graben bis zum Tor. Im Mittelalter befand sich an dieser Stelle in der Regel eine Brücke bzw. Zugbrücke, deren Spuren oft noch erkennbar sind. Vielfach weisen die Pfeiler der zum Tor führenden Brücke entsprechende Baufugen auf, die anzeigen, dass der letzte Bogen vor dem Tor nachträglich eingesetzt wurde. Ein anderer Hinweis ist der Bodenbelag, bei dem das letzte Stück der Brücke einen Holzboden statt eines Steinpflasters besitzt. Im besten Falle sind am Tor selbst noch Vorrichtungen einer Zugbrücke erhalten.

Passiert man das Tor, so gelangt man meist in eine Vorburg, die auf drei Seiten von Wirtschafts- und Wohnge-

Marburg (Hessen), Blick von der Pfarrkirche auf das Schloss, links Kernburg mit Bauteilen des 13. Jh., rechts Wilhelmsbau von 1493–97

Auch die **Burgen innerhalb einer Stadt** verschwinden oft hinter einer hohen innerstädtischen Bebauung. Gerade Stadtburgen auf ebenerdigem Gelände werden erst im letzten Moment sichtbar. Selbst die auf einem Höhenrücken liegenden Anlagen stehen heute in Konkurrenz zur höheren modernen Bebauung, wie man an dem besonders katastrophalen Beispiel von Bad Wimpfen mit einem völlig misslungenen, das Stadtbild prägenden Terrassenbau feststellen kann. Im Mittelalter war dies ganz anders. Die Mehrzahl der Städte ist in Mitteleuropa erst im 12. und 13. Jahrhundert gegründet worden. Ältere Städte gibt es nur wenige, zumeist handelt es sich um römische Gründungen, die im frühen Mittelalter zu Bischofsitzen wurden, wie Köln, Trier oder Regensburg. Die meisten Vorgängersiedlungen der hochmittelalterlichen Städte besaßen kein

bäuden eingefasst ist. Die vierte Seite ist in der Regel offen und gibt den Blick zur Kernburg frei. Sie wird zur Vorburg hin üblicherweise durch einen Wassergraben abgeschlossen, der die beiden Teile der Burg strikt voneinander trennt. Zwinger sind bei Wasserburgen viel seltener als bei Hang- und Höhenburgen, offenbar erschien der Wassergraben als ausreichende Sicherung. Ausnahmen sind die Burg Linn (Krefeld) und die Burg Groß-Vernich (Kr. Euskirchen), die beide im 15. Jahrhundert errichtet wurden.

Lechenich (Rheinland), Wassergraben zwischen Kernburg und Vorburg mit Blick auf das Innentor und den Wohnturm

Stadtrecht und waren vermutlich nur locker bebaute, unbefestigte Siedlungen. Bei den Stadtgründungen im Laufe des 12. Jahrhunderts entstanden Burg und Stadt wie in Marburg häufig parallel zueinander.

Im Gegensatz zu ihrer heutigen Lage befand sich eine Stadtburg im Mittelalter grundsätzlich nicht im Zentrum, sondern am Rand der Stadt, so dass wenigstens eine Seite frei zum Feld wies. Dies hat mehrere Gründe. Zum einen sollte die Burg von der Stadt unabhängig sein, wozu ein Zugang außerhalb der Stadtummauerung gehörte, der im Notfall als von der Stadt unkontrollierter Ein- und Ausgang dienen konnte. Zum anderen konnte die Burg eine Schutzfunktion für die Stadt nur dann einnehmen, wenn sie durch die städtische Bebauung nicht von der Verteidigungszone abgeschnitten war, was bei einer mitten in der Stadt gelegenen Burg der Fall wäre. Wie wichtig diese Überlegungen tatsächlich waren, zeigt das Beispiel von Ingolstadt, wo der Herzog von Bayern das Neue Schloss am neuen Stadtrand gründete, nachdem die alte Burg durch Stadterweiterun-

gen des späten 14. Jahrhunderts von der Bebauung eingeschlossen war. Im Falle von München und Berlin, bei denen die Burgen bzw. Schlösser heute im Zentrum liegen, haben erst die Stadtentwicklungen des 19. und 20. Jahrhunderts diese Lage geschaffen. Lagen Stadt und Burg im Mittelalter auf einem gemeinsamen Höhenniveau, so waren sie durch einen breiten Graben getrennt, der einen schützenden Abstand darstellte und der Burgbesatzung eine Übersicht und Kontrolle über das Gelände vor der Burg erlaubte. Zwar waren die Beziehungen zwischen Stadt und Burgherren zumeist friedlich, doch gibt es durchaus Beispiele kontinuierlicher Konflikte. So bewohnte in Trient der Bischof als Stadtherr zunächst eine zentral gelegene Residenz neben dem Dom. Zu Beginn des 13. Jahrhunderts ließ der damalige Bischof, Friedrich von Wangen (1207–1218), eine Stadtmauer um Trient errichten, wurde aber bald darauf von Kaiser Friedrich II. entmachtet. Der vom Kaiser eingesetzte Statthalter errichtete um 1250 eine Burg am Stadtrand. Als 1256 der Bischof seine alten Rechte zurückerhielt, übernahm er die Burg am Stadtrand, genannt Castello del Buonconsiglio. In den folgenden Jahrzehnten und Jahrhunderten ließen die Bischöfe die Burg durch Wehrmauern verstärken und schließlich zur Stadtseite sogar Rondelle für Kanonen errichten, nachdem die Bürger sich mehrfach gegen den Oberhirten erhoben und Bischof Georg von Hack 1463–65 sogar aus der Stadt verjagt hatten.

Trient (Trentino), Castello del Buonconsiglio, ab etwa 1240/50 erbaut

FRÜHE BURGANLAGEN

Der frühmittelalterliche Burgenbau bis zum 11. Jahrhundert lässt sich in drei große Bereiche trennen den befestigten Herrenhof in Holz-Erde-Bauweise, die Hochadelsburg und die Pfalz. Der Normalfall eines befestigten Adelssitzes ist nach heutigem Kenntnisstand eine vorwiegend in Holz-Erde-Bauweise errichtete Anlage. Sie lag in der zugehörigen Grundherrschaft und war zum Schutz vor Angreifern mit einem Palisadenzaun umgeben. In Mitteleuropa hat sich keine dieser „Holzburgen" erhalten. Sie sind nur archäologisch und archivaisch nachweisbar, müssen den Quellen zufolge jedoch sehr verbreitet gewesen sein.

Ein besonders gut erforschtes Beispiel ist die Burg Alt-Hochstaden („Husterknupp") am Niederrhein. Für die heute von einem Stausee bedeckte Anlage konnten archäologische Grabungen drei Hauptstadien rekonstruieren. In seinem frühesten Zustand aus dem 3. Viertel des 10. Jahrhunderts war der Husterknupp ein aus wenigen Häusern bestehender Gutshof, der in einem Sumpfgebiet lag und von einem Wassergraben und einer niedrigen Palisade umgeben war. Im frühen 11. Jahrhundert lässt sich eine Trennung von Wirtschaftsgebäuden und Wohnteil beobachten, zwischen denen sich ein Wassergraben und ein Zaun befand. Der „Herrenteil" war zudem auf einer flachen Aufschüttung situiert.

Diese „Kernmotte" wurde im 11. Jahrhundert schließlich zu einer „Hochmotte" erhöht, d. h. einem künstlichen Hügel, auf dessen Kuppe sich ein mehrstöckiges, turmähnliches Wohnhaus befand, das zusätzlich von einer Holzpalisade umgeben war.

Unter einer Motte versteht man einen künstlich aufgeworfenen Erdhügel von mehreren Metern Höhe, auf dessen Kuppe sich mindestens ein befestigtes Gebäude befindet. Am Fuß der Motte befindet sich ein rundum laufender Wassergraben. Motten waren im 10. und 11. Jahrhundert in ganz Europa die typische Form des kleinen befestigten Adelssitzes. Die frühesten Motten lassen sich in England und Frankreich nachweisen, in den Niederlanden und Norddeutschland scheinen sie erst ab dem 11. Jahrhundert verbreitet gewesen zu sein. Der Ur-

Höfe bei Dreihausen (Hessen), Ausgrabung der Burganlage und ihrer Kapelle (Landesamt für Denkmalpflege 1974)

sprung der Motte liegt sehr wahrscheinlich in Nordfrankreich.

Der militärische Sinn der Motte bestand darin, den Sturm auf die durch den Wassergraben und die äußere Palisade nur leicht befestigte Burg durch den geringen Anstieg von anfänglich meist kaum mehr als fünf Metern zu erschweren. Dies erlaubt Rückschlüsse auf die Kriegstechnik des Frühmittelalters. Offenbar war zu Beginn des 11. Jahrhunderts die Erstürmung im direkten Zweikampf, Mann gegen Mann, üblich, während Wurfmaschinen und andere Fernwaffen nicht zum Einsatz kamen. Außerhalb des deutschsprachigen Raumes blieben Motten auch über das 11. Jahrhundert hinaus aktuell und sind, wie die englische Königsburg Windsor (12. Jahrhundert), teilweise sogar erhalten geblieben. In Mitteleuropa gerieten Motten hingegen im 12. Jahrhundert weitgehend außer Mode. Statt ihrer errichtete man Wasserburgen mit Ringmauern und Steinbauten.

Im Gegensatz zu den vorwiegend aus Holz errichteten Anlagen des niederen Adels waren die Burgen des Hochadels wie die Königs- und Bischofspfalzen überwiegend aus Stein errichtet. Auch hier besteht das Problem, dass durch Zerstörung

Dreieichenhain (Hessen), Wohnturm des 11. Jh., Innenseite

Tilleda (Sachsen-Anhalt), Fundamente des ergrabenen Wohn- und Saalbaues (Palas) der Pfalz

unten rechts: Klingenmünster (Rheinland-Pfalz), Schlössl, Wohnturm, 11. Jh.

bzw. spätere Überbauung die meisten frühen Anlagen nur archäologisch nachweisbar sind. Die Grabungen und erhaltenen Reste haben jedoch eine zunächst erstaunliche Beobachtung zutage gefördert: Der Turm, der heute als Inbegriff einer mittelalterlichen Burg erscheint, ist für die frühmittelalterliche Burg in Mitteleuropa keineswegs charakteristisch. Dies gilt für die kleinen Adelssitze ebenso wie für großräumige Burgen wie Sulzbach(-Rosenberg) in der Oberpfalz. Die im 9. Jahrhundert von bislang unbekannten Bauherren – die Grafen von Sulzbach erscheinen erst im 11. Jahrhundert – errichtete Burg Sulzbach zeigt bereits einen sehr differenzierten Grundriss mit einer Trennung in Vorburg und Hauptburg. Eine ähnliche Trennung wies auch die im 10. Jahrhundert erbaute ottonische Pfalz Tilleda (Sachsen-Anhalt) auf. Die Umwehrung dieser frühen, zwischen dem 9. und frühen 11. Jahrhundert geschaffenen Anlagen bestand sicher aus einem Wall und Graben sowie

hölzernen Palisaden, konnte jedoch auch bereits Ringmauern aufweisen. Die Gebäude fanden in aller Regel einzeln innerhalb des Berings Platz. Ab dem 11. Jahrhundert lassen sich die ersten Türme in Burgen nachweisen. In hügeligen Gebieten wurden bei einem Standort am Hang oder auf einer Bergkuppe auch Turmburgen geschaffen, die ähnlich wie eine Motte im Flachland meist aus einem hoch aufragenden Hauptgebäude bestanden, das von einer Ringmauer oder hölzernen Palisade eingefasst war. Die frühen Turmburgen waren vor allem durch die Lage auf einem möglichst steilen Felsen gesichert.

ÄUSSERE UMWEHRUNGEN UND VORBURG

Wie das Beispiel des „Huster-knupp", aber auch von Sulz-bach zeigt, besaßen die frühen Burgen kaum äußere Umwehrungen vor der Ringmauer. In Ausnahmefällen, etwa in Kallmünz (Oberpfalz), ist die Weiternutzung frühgeschichtlicher Wälle nachgewiesen. Die meisten heute noch vorhandenen Umwehrungen bei Burgen sind fast immer als jüngste Erweiterungen erst im Spätmittelalter und im 16. Jahrhundert entstanden. Bei hochmittelalterlichen Burgen entspricht die äußere Umwehrung entweder der Mauer um die Vorburg oder gar erst der Ringmauer um die Kernburg. In Büdingen (Hessen) treten beide Fälle gemeinsam auf: Wenn man die Burg vom unverbauten Tal aus betrachtet, ist die äußere Umwehrung die Ringmauer der Kernburg, an der Stadtseite ist sie jedoch die Ringmauer der Vorburg. Es kann sich, wie bei der Ronneburg, bei der äuße-

ren Umwehrung aber auch um eine Zwingermauer handeln, die der Ringmauer vorgelagert ist und hier teils im 14., teils im 16. Jahrhundert errichtet wurde.

Bei besonders großen und exponierten Burgen stellt die äußere Umwehrung auch das Vorwerk dar. Dies ist der Fall bei der französischen Kreuzfahrerfestung Crac des Chevaliers (Syrien) und beim Château Gaillard (Normandie), ab 1171 bzw. ab 1195 entstanden; ein vergleichbares Beispiel hat sich in Deutschland nicht erhalten. Wurde die Burg in der Neuzeit noch genutzt und dementsprechend ausgebaut, wie die Burg Breuberg im Odenwald, deren Kern aus dem 12. Jahrhundert, die rondellierten Befestigungen jedoch aus der Zeit um 1500/15 stammen, so finden sich als äußere Umwehrungen entweder eine vorgelagerte Barbakane oder eine rondellierte bzw. bas-

Kallmünz (Oberpfalz), keltische Wallanlage vor der mittelalterlichen Adelsburg

Wäscherschloss (Baden-Württemberg), Ringmauer einer kleinen Burg ohne Vorbefestigung und Graben

tionäre Befestigung, wie sie im 16. und 17. Jahrhundert üblich wurden.

Für die frühen wie die späten Umwehrungen gilt, dass sie sich wie Zwiebelschalen um die Kernburg legen, vorausgesetzt, die Topographie bedingt nicht nur eine besonders gefährdete Angriffs- und damit hauptsächliche Verteidigungsseite. Anzahl und Aufwand der Befestigungen sind von verschiedenen Faktoren abhängig, angefangen von den Erfordernissen der Lage und der Entwicklung der Waffentechnik bis hin zu den finanziellen Möglichkeiten des Bauherren. Im hohen Mittelalter musste man wegen der geringeren Reichweite der Waffen den Angreifer nicht auf Distanz halten, sondern vor allem Überraschungsangriffe verhindern. Mit dem Einsatz von Wurfgeschützen und im Spätmittelalter von Feuerwaffen änderte sich die Kampfstrategie und damit die Notwendigkeit von Befestigungen.

Bereits die frühmittelalterlichen Burgen weisen zusätzlich zu den Mauern und Palisaden Hecken, Wälle und Gräben als äußerste Teile einer Befestigung auf. Viele Burgen kommen jedoch auch ohne solche „Annäherungshindernisse" aus. Es handelt sich um passive Hindernisse, also keine Stellen, an denen etwa ein Verteidiger stand. Diese Sicherungen sind nahezu zeitlos: Große und mehrteilige Wall- und Grabensysteme gibt es bereits bei vorgeschichtlichen Anlagen, z. B. bei keltischen Ringwällen, die oftmals auch dann erhalten bleiben, wenn die Anlagen zu Burgen umgenutzt wurden, wie Christenberg in karolingischer Zeit oder Kallmünz. Auch wenn die keltischen Anlagen militärtechnisch viele Parallelen zu den mittelalterlichen Burgen aufweisen, können sie nicht als deren Vorläufer betrachtet werden. Es handelt sich nicht um Adelsburgen, sondern um zeitweilige Fluchtburgen oder befestigte Areale, die dauerhaften Lebensraum für größere Bevölkerungsgruppen wie Sippen boten. Es gibt keine kontinuierliche Entwicklung von der frühgeschichtlichen Befestigung zur hochmittelalterlichen Adelsburg.

Während bei einer Burg am Hang oder auf einer allseits abfallenden Bergkuppe die Platzverhältnisse meist beengt sind, gibt es viele Burgen, die am Ausläufer eines Bergrückens liegen, der z. B. von einer Flussschleife umgeben sein konnte. Bei diesen Anlagen fällt das Gelände um die Burg an drei Seiten steil ab, während sie an der vierten Seite, zum Bergrücken, fast ebenerdig zugänglich ist. Das weite Vorgelände ließ sich im Mittelalter kaum sichern, es sei denn, man errichtete ein Vorwerk und besaß entsprechendes Personal, ein solches zu besetzen. Als Abwehrmaßnahme legte man daher einen breiten Graben zwischen dem Bergrücken und dem Bergsporn mit der Burg an, den so genannten Hals-

Burghausen (Oberbayern), Halsgraben vor der Vorburg des 15. Jh.

graben, der etwa in Marburg, Koblenz oder Würzburg zu finden ist. Blieb die Burg bis in die Neuzeit genutzt, hat man den Halsgraben oft festungsmäßig ausgebaut, was in Marburg noch im 18. Jahrhundert, in Koblenz sogar erst im 19. Jahrhundert geschehen ist.

Betrachtet man die Bestandteile der äußeren Umwehrung in ihrer idealen Abfolge von außen nach innen, so folgen auf das Vorwerk die Barbarkane und ein Graben. Den Abschluss der äußeren Umwehrung bildet der Zwinger, der zugleich die Verbindung zur inneren Umwehrung darstellt.

Teile der äußeren Umwehrung

Vorwerk

Ein Vorwerk ist eine vor die erste Ringmauer vorgeschobene Außenbefestigung auf einer besonders gefährdeten Angriffseite. Es besteht aus einer eigenen Ummauerung und kann, wie im Falle des französischen Château Gaillard (um 1205), mit Türmen gesichert sein und auch eine Mauer gegen die Hauptburg besitzen. Offenbar reagierte man mit einem solchen Vorwerk seit dem späten 12. und frühen 13. Jahrhundert auf den zunehmenden Einsatz von Bliden, jenen zielgenauen Wurfmaschinen, die Mauern zum Einsturz bringen konnten. Ziel des Vorwerks war es, den Angreifer weit genug von der Burg entfernt zuhalten. Gelegentlich hat man auch Torwege durch ein solches Vorwerk gelegt. Beispiele für Vorwerke sind selten und stammen meist aus Gebieten, in denen besonders heftige Kriege über längere Zeiträume tobten, so bei der

Château Gaillard (Normandie), Blick von der Kernburg, um 1195, über die (zerstörte) Vorburg zu den Resten des ummauerten Vorwerks, nach 1205

Kreuzfahrerburg Crac des Chevaliers in Syrien, dem zwischen England und Frankreich umstrittenen Parthenay und Chinon in Westfrankreich oder dem bereits genannten Château Gaillard in der Normandie. In Deutschland sind keine vergleichbaren komplexen Vorwerke aus dem Hochmittelalter erhalten.

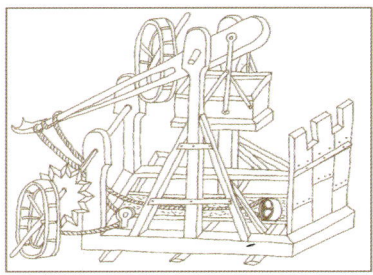

Blide in einer Darstellung des 15. Jh. (Umzeichnung)

Barbakane

Eine Barbakane ist nach heutigem Sprachgebrauch eine dem äußeren Graben vorgelagerte Toranlage und damit im Grunde eine Sonderform eines Vorwerks. Vor diesem Graben befindet sich eine eigene kleine Befestigung mit zwei Toren, welche als Ein- und Ausgang dienen und durch seitliche Wehrmauern eingefasst sind. Die Mauern bilden mit den Toren einen kleinen Hof, in dem ein Ankömmling kontrolliert werden kann, bevor er Einlass in die Burg erhält. Vom hinteren Tor führt eine Brücke in die Vorburg. Eine Barbakane kann sich vor dem Zwinger befinden, oder, falls es keinen Zwinger gibt, auch vor der inneren Ringmauer. Falls überhaupt, hat eine Burg aber nur eine Barbakane, nie mehrere. In Mitteleuropa begnügte man sich meist mit einem Kammertor, also einer Anlage aus zwei Toren mit einer kleinen Torkammer, die im Verlauf mit der Ringmauer steht und nicht dieser vorgelagert ist.

Barbakanen sind aufwendig und in Mitteleuropa vor allem bei Stadtmauern erhalten, etwa in Weißenburg/Bayern, Naumburg und Krakau. Zu den wenigen Beispielen für eine Barbakane bei einer Burg gehört die Burg Ratsamhausen in Ottrott (Elsass). Sie besitzt eine dreieckige Form und wurde im ersten Viertel des 15. Jahrhunderts im Zusammenhang mit einer umfassenden Erneuerung der Befestigungsanlagen vor dem Haupttor bzw. dem Graben errichtet; gleichzeitig entstand innerhalb des Grabens auch ein Zwinger mit einem neuen Tor.

Die Herkunft des Wortes ist nicht sicher geklärt. Vermutlich stammt es aus dem Persischen (barbah-hané = Wall) und bedeutete ursprünglich eine Befestigung außerhalb der Burg mit Schießscharten (Biller 2006, S. 257). Eine der ältesten Bezeichnungen als Barbakane stammt von einer Bauinschrift am Crac des Chevaliers und bezeichnet dort den um 1250 entstandenen Zwinger. Erst im 19. Jahrhundert setzte sich das Wort als Benennung einer Torbefestigung durch.

Graben

Stellen Vorwerk und Barbakane im mitteleuropäischen Burgenbau eher Ausnahmephänomene dar, so ist der Graben der erste Baukörper, auf den man bei vielen Burgen stößt. Nur im steilen und felsigen Gelände fehlt er, insbesondere bei älteren Burgen. Doch wo immer es vor der äußeren Burgmauer Platz gab, wurde ein Graben angelegt, sei es ein kurzer Graben bei Burgen am Hang, sei es

Graben und Vortor am Zwinger der Burg Landeck bei Klingenmünster (Rheinland-Pfalz)

Barbakane der Stadtmauer von Naumburg/Saale (Sachsen-Anhalt), links die Stadtmauer, rechts die Barbakane, dazwischen der zugeschüttete Stadtgraben

ein die Burg vollständig einfassender wie im Flachland. Insbesondere bei Burgen in Spornlage, also am Ausläufer eines Bergrückens, war die Anlage eines so genannten Halsgrabens erforderlich, um die Burg vom Bergrücken abzutrennen.

Bei den frühen, im ebenen Gelände errichteten Burgen entstand der Graben gewissermaßen als Nebeneffekt bei der Anlage eines Walls, der an der Spitze mit Palisaden aus Holz oder einer schwachen Mauer gesichert sein konnte. Der Aushub eines Grabens und das Aufwerfen eines Walles boten also eine Vergrößerung der Sicherheit. Dabei liegt bei Burgen der Graben immer vor dem Wall (bzw. der Mauer). Der Graben ist kein Ort, an dem der Verteidiger dem Feind auflauert, sondern vor allem ein Hindernis für den Angreifer. Er soll die Höhe der zu erklimmenden Burgmauer vergrößern und, bei Wassergräben im ebenen Gelän-

de, das Untergraben der Burgmauer verhindern.

Ein Vorteil von Gräben in späteren Jahrhunderten bestand darin, dass keine Belagerungsmaschinen oder Sturmleitern bis unmittelbar an die Burg getragen werden konnten, sondern in gebührendem Abstand gehalten wurden. Mit einem Graben sind daher auch das (seltene) Vorwerk, der Zwinger, die Vorburg und die Kernburg gesichert. Bisweilen sind die einzelnen Befestigungselemente durch einen Graben sogar gegeneinander gesichert, wie in Büdingen (12. Jahrhundert) oder Lechenich (14. Jahrhundert), so dass sich bei größeren Burgen eine Abfolge mehrerer Gräben ergeben kann.

Die Gräben waren je nach Gelände trocken oder geflutet. Wassergräben sind nur bei einem dichten lehmigen Untergrund und in einem halbwegs ebenen Gelände möglich. Den Graben weitgehend feucht zu halten, erhöhte die Sicherheit, da ein schlammiger Untergrund jeden Angriff erschwerte, da der Angreifer den Graben erst zuschütten musste, um ihn überwinden zu können. In Caerphilly (Wales, ab 1268) hat man einen regelrechten Stausee angelegt, um den Wassergraben feucht zu halten. Ein Angreifer konnte einen solchen Stausee zwar ablassen, doch stand er dann vor einem feuchten, glitschigen Untergrund, der praktisch genauso unpassierbar war wie eine Wasserfläche.

In späteren Jahrhunderten verlandeten die Gräben häufig, versumpften oder wurden zugeschüttet. Heute ist es oftmals möglich, direkt an die Ringmauern heranzutreten, die früher durch Gräben gesichert waren. Archäologen dokumentieren solche Bereiche durch „Suchschnitte" quer zum vermuteten Profil des Grabens und können dann im Gelände dessen ursprüngliches Aussehen sehr genau ermitteln. Unterschiede ergeben sich vor allem zwischen den relativ schmalen Gräben früher Burgen, die vornehmlich als passives Hindernis genutzt wurden, und breiten Gräben des Hoch- und Spätmittelalters. Diese konnten, wenn sie trocken blieben, wie der Nürnberger Burggraben (Schnäppergraben) in Friedenszeiten sogar als Schießplatz genutzt werden.

Zwinger

Der Zwinger ist ein von zwei Mauern eingefasster und meist unbebauter Zwischenbereich, bei dem man vor sich die Ringmauer der Burg und hinter sich die Zwingermauer hat. Die Zwingermauer ist also eine zusätzliche, der Ringmauer mit unterschiedlichem Abstand vorgelagerte Wehrmauer, die einen Bereich bis zur Ringmauer abgrenzt und schützt. Dieser Bereich ermöglicht dem Verteidiger ein freies Schussfeld auf einen ungeschützten Angreifer. Drohte der Zwinger überwunden zu werden, zogen sich die Verteidiger in die

Gamburg (Baden-Württemberg), spätmittelalterliches Doppelturm-Tor hinter dem Graben

Bad Driburg (Westfalen), Graben der Iburg, 12. Jh., unter Verwendung einer frühgeschichtlichen Befestigung

Zwinger der Weidelsburg bei Wolfhagen (Hessen) aus dem 15. Jh.

Kernburg zurück, und der Angreifer musste nach Überwindung der Zwingermauer ein freies Schussfeld durchlaufen, um den Angriff auf die Ringmauer fortsetzen zu können.

Zwinger gibt es, wie Vorwerke, nicht von Anfang an. Ein sehr frühes Beispiel ist der noch auf die Torsicherung beschränkte Zwinger der Johanniterburg Belvoir (Israel) aus der zweiten Hälfte des 12. Jahrhunderts. Der erste schmale Zwinger des Crac des Chevaliers wurde ab 1170 angelegt und Mitte des 13. Jahrhunderts zu einem großen Zwinger ausgebaut. In Mitteleuropa wurden Zwinger erst im frühen 13. Jahrhundert Mode (z. B. Münzenberg, Mitte 13. Jahrhundert), die meisten Beispiele stammen aus dem 14. und 15. Jahrhundert.

Konnte man vor Errichtung eines Zwingers ohne bauliche Hindernisse direkt bis an den Graben oder gar die Ringmauer gelangen, so wurde dies nun durch eine meist niedrigere Vormauer wenigstens an den besonders gefährdeten Seiten verhindert. Zwischen Vor- und Ringmauer verblieb ein schmaler freier Geländestreifen. Die frühen Zwinger sind überwiegend schmal und mit einer einfachen Mauer eingefasst. Im Spätmittelalter finden sich immer aufwendiger gebaute Zwingermauern, die mit Wehrgängen und Türmen ausgestattet wurden und damit eine aktive Verteidigungsfunktion erhielten. Hinsichtlich der baulichen Gestaltung, z. B. der Höhe, der Form der Zinnen und Schießscharten, durchlief die Zwingermauer die gleiche Entwicklung wie die Ringmauer, die ebenfalls zunehmend aufwendiger gebaut wurde.

Wie das Beispiel der Burg Guttenberg (Neckarmühlbach) zeigt, konnten Burgen auch ganze Abfolgen aus mehreren Zwingern besitzen. In Guttenberg entstand eine erste Zwingermauer wohl im 14. Jahrhundert mit geringem Abstand zur Ringmauer. Im späteren 15. Jahrhundert wurde eine neue Mauer errichtet, so dass sich der Abstand zwischen Ringmauer und Zwingermauer verdoppelte. Schließlich wurde der zweiten

Neckarmühlbach (Baden-Württemberg), Burg Guttenberg verfügt über mehrere Nebenausgänge (Poternen), der auffälligste ist als gotische Pforte mit Profilen versehen, die anderen sind im Mauerwerk kaum zu erkennen.

später abschnittsweise nochmals eine dritte Mauer vorgestellt.

Die Gefahr, dass die Zwingermauer einem Angreifer als Schutz oder Deckung diente, war gering, denn dieser konnte sich nicht auf der Außenseite der Zwingermauer verschanzen, sondern musste zum Angriff übergehen, um die Burg zu erobern. Zudem gab es in der Ringmauer meist eine oder mehrere Ausfallpforten („Poternen"), d. h. kleine, meist etwas versteckte Türen, mit deren Hilfe der Verteidiger gegebenenfalls in den Graben vordringen und einen Angreifer zurückdrängen konnte. Auch viele Zwingermauern besitzen solche gesicherten kleinen Pforten.

Die frühen Zwingermauern bestehen häufig aus einer einfachen turmlosen Mauer, die immer mit einem Wehrgang verbunden war. Sie diente damit als Ort der aktiven Verteidigung. Schon im 13., vor allem aber im 14. und 15. Jahrhundert, hat man Zwingermauern mit Türmen ausgestattet, die eine Sicherung der Flanken („Kurtinen") des Zwingers erlaubten. Bei diesen Türmen handelt es sich grundsätzlich um Schalentürme, denen eine

Neckarmühlbach (Baden-Württemberg), Burg Guttenberg, Zwingermauer des 15. Jh. vor der Burg des 13. Jh.

Büdingen (Hessen), Ringmauer, um 1200, mit nachträglichem Ausgang zum Graben (Poterne)

Mauer zur Burg hin fehlt (z. B. Landsee/Burgenland: äußerer Befestigungsring). Diese Besonderheit ist mit dem Wunsch nach Einsparung von Material und Baukosten zu erklären, denn die Zwingertürme ließen sich zu nichts anderem verwenden als zur Verteidigung. Erst in der Neuzeit hat man die Schalentürme auch hofseitig zugemauert oder mit Fachwerk zugesetzt und, wie auch bei zahlreichen Stadttürmen der Fall, zu anderen Zwecken genutzt.

Das Tor in den Zwinger unterscheidet sich nicht grundsätzlich von einem Tor in die Vorburg oder in die Kernburg. Auffällig ist, dass hier noch lange sehr einfache Torformen vorkommen, die nur aus Drehflügeln und allenfalls einem Verschlussriegel (Schubriegel) bestehen. Allerdings hat man im 15. und 16. Jahrhundert immer wieder die eigentliche Toröffnung von der Zugbrücken-Sicherung getrennt, indem man die Zugbrücke in eigenem Torrahmen dem Haupttor mit geringem Abstand vorsetzte, wie in Büdingen oder in Guttenberg zu sehen ist, bei denen diese Elemente vom Ende des 15. Jahrhunderts bzw. aus dem 16. Jahrhundert stammten; von solchen Zugbrücken sind nach Abbruch im 18./19. Jahrhundert nahezu keine Spuren mehr erhalten.

Teile der inneren Umwehrung

Die innere Umwehrung ist weniger raumgreifend als die äußere Umwehrung. Wichtigster Bestandteil ist die Ringmauer, die die Vorburg einschließt, die selbst als schützender Baukomplex der Haupt- oder Kernburg betrachtet werden kann, im Friedensfalle aber vor allem dem Bereich des Wirtschaftens zuzuordnen ist.

Ringmauer der Vorburg

Die Ringmauer umschließt entweder die Kernburg und die Vorburg in getrennten Ringen oder beide gemeinsam. In jedem Fall ist bzw. war die Umfassung der Kernburg von der Vorburg abgesetzt, sowohl als zusätzliche Sicherheit als auch, um den Wirtschaftsbetrieb der Vorburg von der Kernburg zu separieren. In baulicher Hinsicht unterscheiden sich die Mauern grundsätzlich nicht von den Türmen und Toren der Kernburg.

Vorburg

Die Vorburg ist ein Teil der Burganlage, der der von der Burgherrschaft bewohnten Kernburg vorgelagert ist und vornehmlich Wirtschafts- und Verwaltungsfunktionen enthält. In der Regel ist die Vorburg der Kernburg nur auf einer Seite vorgelagert. Dabei handelt es sich meist um die Angriffsseite, die vom Gelände her den bequemsten Zugang dar stellt und deshalb auch für das Erreichen der Wirtschaftsgebäude in der Vorburg optimal ist. Bei Burgen in der Stadt, etwa Tangermünde, befindet sie sich meist auf der der Stadt zugewandten Seite. Die Lage der Vorburgen ist nicht zuletzt ein Beleg dafür, dass die meisten Burgen nicht

für Kriegs-, sondern Friedenszeiten erbaut wurden, in denen der Aspekt des ungehinderten Wirtschaftens im Vordergrund stand.

Das Gelände der Vorburg ist neben den wirtschaftlichen Erfordernissen vor allem dem Standort angepasst. Neben riesigen, fast dorfähnlichen Arealen (Tilleda, 10. Jahrhundert, Salzburg bei Herschfeld/Unterfranken, 13. Jahrhundert) finden sich besonders in gebirgigen Gegenden sehr beengte Vorburgen, etwa das nicht von ungefähr so benannte Schrofenstein (Tirol) aus dem 13. und frühen 14. Jahrhundert. In seltenen Fällen kann die Vorburg wie in Birstein (Südhessen) in einen Abschnitt vor und einen zweiten hinter der Kernburg aufgeteilt sein. Die Regel ist jedoch die Lage vor der Hauptburg.

Wo das Gelände für eine klare Staffelung von Vor- und Hauptburg fehlt, kann es auch eine einheitliche Umwehrung der Burg geben, innerhalb

unten: Ringmauer der Vorburg von Burg Ranis (Thüringen) mit vermauerten Zinnen und Schießscharten in der Vermauerung (Innenseite)

oben: Heldburg (Thüringen), Grundriss der Anlage im 17. Jahrhundert

Hämelschenburg (Niedersachsen), Portal zum Pferdestall der Kernburg, um 1600

derer eine Differenzierung von Vor- und Hauptburg erfolgt. Ein Beispiel hierfür ist die Heldburg, wo die Vorburg im Grunde hinter der Hauptburg liegt und das Haupttor unmittelbar in die Kernburg führt. Ein zusätzlicher Wirtschaftshof befindet sich am Fuß des Burgbergs der Heldburg. Er stammt aus dem 16. Jahrhundert, doch gab es solche Wirtschaftshöfe schon im späten Mittelalter (z. B. Runkelstein, Wirtschaftshof vor dem Burgtor). Ein Bergfried findet sich zwar mehrheitlich in der Hauptburg, kann jedoch auch in der Vorburg untergebracht sein, wie in Burg Neuhaus (Oberösterreich, 14. Jahrhundert).

Zu den Funktionen der Vorburg gehört vor allem die Unterbringung von Ställen und Scheunen. Zur Milchversorgung hielt man Kühe und Ziegen, für Fleisch und Eier Federvieh, ferner gelegentlich Schweine. Hingegen überließ man die Schafhut offenbar den Bauern; Schafställe – durch nach außen zu öffnende Tore gut von anderen Ställen zu unterscheiden – konnten in Vorburgen bislang nicht nachgewiesen werden. Unerlässlich waren Scheunen zur Lagerung von Futter für die Nutztiere und die Pferde, die jeder Ritter besitzen musste. Wie das Beispiel der Hämelschenburg (Ostwestfalen) zeigt, konnte sich der Pferdestall noch im 16. und 17. Jahrhundert in der Hauptburg befinden, eine Inschrift nennt dort den Stall für vier Pferde.

Vor allem im Gebirge erlaubten viele Burganlagen schon von der Größe her keinen Stall bzw. war die Unterbringung von Pferden aufgrund des steilen Zuwegs praktisch unmöglich. In diesem Fall befanden sich die Ställe und Scheunen in einem gesonderten Wirtschaftshof (Runkelstein bei Bozen). Kaum weniger wichtig war der Platz für Maultiere oder Esel, auf deren Rücken der Transport von Lebensmitteln vom Tal auf die Burg stattfand; ein Gebäude der Burg Pappenheim wird als Eselstall bezeichnet, ein Raum der Wartburg als Eseltreiberstube. Gab es Esel und Pferde in der Burg, findet sich häufig auch eine Pferdetränke, wie sie noch heute auf der Heldburg zu sehen ist.

In geräumigen Anlagen erscheint die Vorburg als ein großer Hof, der auf allen Seiten, außer zur Hauptburg, von einzelnen Gebäuden eingenommen wird. Neben Ställen und Scheunen konnte hier eine Schmiede untergebracht sein, zumindest wird ab dem 15. Jahrhundert in Quellen ein solcher Bau bei größeren Burgen immer wieder erwähnt. Hier wurden

nicht nur Reparaturen vorgenommen, sondern auch Hufbeschläge, Nägel und anderes Gebrauchsgerät hergestellt. Waffen und Rüstungen erwarb die Burgbesatzung hingegen meist bei städtischen Handwerkern, die wie die Nürnberger Rotschmiede auf solche „Rüstungsgüter" spezialisiert waren.

Waren die Burgherren mit Verwaltungsaufgaben betraut, konnte das Amtshaus bzw. die Amtsstube in der Vorburg eingerichtet gewesen sein. Allerdings sind solche Verwaltungsgebäude oft erst in der frühen Neuzeit, d. h. vom 16. bis 18. Jahrhundert entstanden, im Mittelalter hatten Verwaltungsvorgänge einen wesentlich geringeren Umfang. In der Nähe landesherrlicher Burgen, namentlich solcher im Besitz eines Bischofs oder Klosters, konnte es La-

oben: Ingolstadt (Oberbayern), Zeughaus in der Vorburg des neuen Schlosses, schwere Balkenkonstruktion der Lagergeschosse, 3. Viertel 15. Jh.

Backhaus und Speicher des Deutschen Ordens in Marburg (Hessen), 1515

Burgk (Thüringen), bewohntes Torhaus und Schmiede in der Vorburg, 15. und 16. Jh., von der Brücke zur Kernburg aus gesehen

gerräume bzw. ein Lagerhaus für die von den Bauern zu entrichtenden Abgaben geben, wobei der Begriff Zehntscheune vor allem im Zusammenhang mit kirchlichen Abgaben („Kirchenzehnt") verwendet wird. Ein spätmittelalterliches Beispiel ist das so genannte Backhaus des Deutschen Ordens in Marburg (1515),

das ein dreigeschossiger Kornspeicher ist.

Nur bei größeren Burgen war ein Zeughaus bzw. eine Zeugkammer zur Lagerung der Rüstungen und Waffen vorhanden. Zu den wenigen Burgen, in denen ein eigenes Zeughaus überliefert ist, gehört Breuberg im Odenwald. Allerdings stammen die beiden dortigen Zeughäuser aus dem 16. Jahrhundert, die errichtet worden waren, nachdem die Burg einen festungsmäßigen Ausbau erfahren hatte. Aus dem 15. und 16. Jahrhundert datieren auch die Zeughäuser in Coburg und Marburg. Eine Harnischkammer für die „normale" Bewaffnung einer Burg war zumeist in der Kernburg vorhanden, wie etwa das 1465 angelegte Inventar des Castello del Buonconsiglio in Trient belegt.

Wie unterschiedlich Vorburgen angelegt seien können, zeigt der Vergleich von Guttenberg und Rochsburg (Sachsen). Letztere verfügt über zwei Vorburgen, von denen die erste gewissermaßen als großer Torzwinger wirkt und die zweite die meisten Wirtschaftsbauten enthält. Guttenberg hat abseits des Haupttores eine Vorburg, die mit einem Doppelturm-Tor ausgestattet ist. Dieses nach einem Umbau im 16. Jahrhundert repräsentativ hergerichtete Tor stellt allerdings nur die Verbindung zur unterhalb der Burg gelegenen Kapelle dar, während man zum Erreichen der Burg die Vorburg erst wieder in ungesichertes Gelände verlassen muss. Die Vorburg, selbst noch durch ein Tor geteilt, wirkt wie ein selbständiger Gutshof direkt unterhalb der Burg, jedoch ohne einen direkten Zugang zur Burg.

Inventare vermitteln ein gutes Bild von den verschiedenen Einrichtungen einer Burg. Allerdings stammen die Inventare in der Regel frühestens aus dem 15. Jahrhundert, überwiegend erst aus dem 16. Jahrhundert, und man darf nicht grundsätzlich aus dieser Zeit auf frühere Epochen zurückschließen. So sind für die Burg Rheinfels nach der Wiedereinrichtung zur hessischen Residenz nach 1567 Funktionsräume sowie Wohnräume des Personals überliefert, die von der Verwaltung (Kanzlei), der Gärtnerwohnung, dem Brauhaus, dem Kuhstall und der Viehtränke im Vorwerk über das Schlachthaus, große Viehställe, das Waschhaus und die Weinkeller in der Vorburg bis zur Apotheke, den Küchen, Vorratskammern und einem Hühnerstall in der Kernburg reichen. Wohnräume gab es in der Vorburg nur für das dort tätige Per-

Veste Hohensalzburg (Salzburg), Schmiede in der Vorburg

Steinbach-Fürstenau (Hessen), gräfliche Mühle vor den Toren der Vorburg, um 1590

sonal. Für dieses standen, zum Ende des Mittelalters zunehmend in eigenen Räumen, Schlafplätze bzw. Schlafkammern, eventuell auch eine beheizbare Stube zur Verfügung. Vor allem mit besonderen Funktionen betrautes Personal, auf Rheinfels etwa der Büchsenmeister, konnte mit einer solchen kleinen Wohnung rechnen, die meist in unmittelbarer Nähe zu ihrer Arbeitsstätte lag.

Wirtschaftsgebäude am Wasser – Mühle und Waschhaus

Nicht alle zu einer Burg gehörenden Wirtschaftsgebäude befanden sich innerhalb der Vorburg. Dies trifft etwa auf die Mühle zu, die für die Versorgung der Burg besonders wichtig war, da Getreide, nicht zuletzt aus Gründen der Haltbarkeit, immer ungemahlen gelagert wurde. Für die Zubereitung der Mahlzeiten auf kleinen Burgen konnten Handmühlen ihren Dienst tun, doch bei größeren Burgen mit entsprechender Besatzung war die Einrichtung einer Mühle erforderlich. Fast grundsätzlich bediente man sich dabei einer Wassermühle, die in nicht allzu großer Entfernung von der Burg lag. Ein anderes Funktionsgebäude außerhalb der Umwehrung war das Waschhaus. Es ist als separates Gebäude allerdings erst bei neuzeitlichen Anlagen nachgewiesen. In einer mittelalterlichen Höhenburg darf man den Luxus eines eigenen Waschhauses kaum erwarten. Es musste nicht immer an ein fließendes Gewässer angeschlossen sein, wie das Beispiel von Rheinfels aus dem 16. Jahrhundert zeigt, wo das Waschhaus vom Burgbrunnen aus versorgt wurde. Stets findet sich jedoch eine Feuerung, wie sie in Schloss Brake bei Lemgo sichtbar ist, wo das im 18. Jahrhundert errichtete Waschhaus am Zulauf des den Burggraben speisenden Bachs stand.

KERNBURG

Die „Kernburg" bildet den innersten und wichtigsten Teil der Burg, den eigentlichen befestigten Wohnsitz des Adels. Hier verbinden sich unmittelbar die Aufgaben der Burg als Wohn-, Wehr- und Repräsentationsbau. Viele kleine Adelssitze beschränkten sich sehr wahrscheinlich auf die Kernburg. Sie umschloss innerhalb einer Ringmauer alle notwendigen Funktionen, mitunter sogar die einer Vorburg, wie der „Kreideturm" bei Hocheppan (Südtirol) zeigt. Allerdings ist zu berücksichtigen, dass Vorburgen gerade bei frühen Anlagen aus dem 11. und 12. Jahrhundert nicht immer aus Steinbauten bestanden und oft weniger aufwendig befestigt waren. So kann die „Kernburg" oft der einzig erhaltene Teil sein. In Büdingen ist die jüngere Vorburg keine spätere Erweiterung, sondern wurde als Ersatz einer älteren Vorburg errichtet. Auf der anderen Seite gibt es Anlagen wie die Heldburg (13./ 14. Jahrhundert), die heute als einheitliches Bauwerk erscheinen, ursprünglich aber durch einen Graben in Kern- und Vorburg geteilt waren. Bei großen wie kleinen Anlagen wird die Kernburg von einer Ringmauer eingefasst. Durch das Haupttor betritt man den inneren Burgbereich, der den oder die Wohnbauten des adeligen Besitzers und

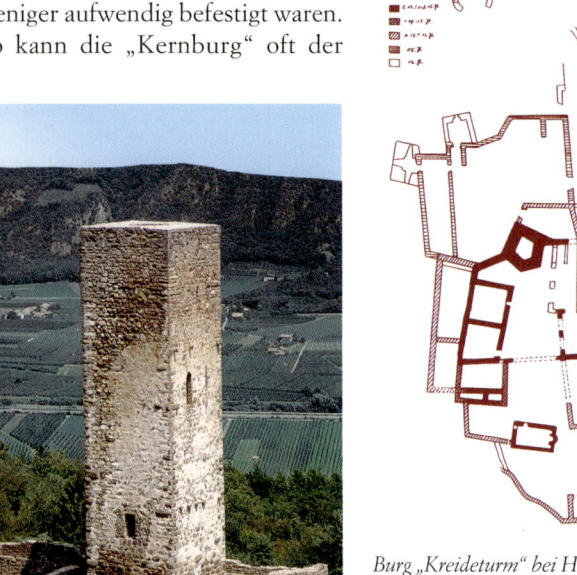

Baualtersplan der Burg Hocheppan (Südtirol)

Burg „Kreideturm" bei Hocheppan (Südtirol), erhalten sind der weiß geschlämmte Burggrund und die Grundmauern der übrigen Gebäude.

Hocheppan (Südtirol) von Südwesten mit Blick auf die Wohnbauten und die Kapelle, im Hintergrund der Bergfried

meist auch den Hauptturm der Burg enthält. Zusätzlich können sich Gebäude mit besonderen Funktionen in der Kernburg befinden, angefangen vom „Palas" über die Kapelle bis zum Brunnenhaus und Küchentrakt. Sie haben je nach Auftraggeber, Erbauungszeit und eingesetzten Materialien unterschiedliche Gestaltungen erfahren, die helfen, die Bauwerke zu bestimmen und ihre Entstehung und mögliche Veränderungen näher einzugrenzen.

Die innere Umwehrung – die Ringmauer der Kernburg mit Schießscharten und Zinnen

Als Ringmauer wird die Wehrmauer bezeichnet, die die Kernburg als den inneren Burgteil umschließt. In einigen Fällen war auch die Vorburg mit eingeschlossen, wie etwa bei der Heldburg. Die meisten Ringmauern

St. Goar, Burg Rheinfels (Rheinland-Pfalz), innere Ringmauer mit hohen Mauernischen und einem Wehrgang darüber, 14. Jh.

Wartburg (Thüringen), hölzerner Wehrgang zur Verbindung von Vorburg und Kernburg, 2. Hälfte 15. Jh.

haben eine Mauerstärke von mindestens 1,5 m und werden oben von einem Wehrgang und einer zinnenbekrönten Brustwehr abgeschlossen. Im Gegensatz zu Stadtmauern haben die Ringmauern auf der der Burg zugewandten Seite fast immer eine einheitliche Ansichtsfläche, also keine Gliederung in Pfeiler und Blendnischen. Zu den Ausnahmen gehört die innere Ringmauer der Burg Rheinfels bei St. Goar.

Die **Mauerkrone** ist bei den ältesten Ringmauern selten erhalten. Es kann jedoch vorausgesetzt werden, dass jede Ringmauer einen Wehrgang besaß. Er fand entweder auf der Mauer Platz oder wurde von hölzernen Auflagern oder Steinkonsolen getragen, die den Platz nach innen vergrößerten. Nach außen war der Wehrgang durch eine Brustwehr mit Zinnen gesichert. Bisweilen gab es äußere Vorbauten („Hurden"), die meist auf Balken saßen, die den Bau weiter Vorkragungen erleichterten (z. B. Château Gaillard). In seltenen Fällen saßen die Vorbauten auf mehrfach abgetreppten Steinkonsolen, wie dies am nördlichen Turm der Burg Guttenberg zu sehen ist

(15. Jahrhundert). Ab dem 12. Jahrhundert finden sich zunehmend äußere Vorkragungen mit Durchlässen am Boden, so genannte Maschikuli. Sie sind wahrscheinlich über die Kreuzfahrer aus dem arabischen Burgenbau übernommen worden und kommen in Mitteleuropa bisweilen bei Ringmauern, vor allem aber bei Bergfrieden und an Burgtoren vor. Die Erforschung der genauen Verbreitung und Entwicklung der Maschikuli steht für den deutschsprachigen Raum jedoch noch aus.

Die Entwicklung der Ringmauern ist durch viele Unterschiede geprägt, die durch die Lage der Burg und die Finanzkraft des Bauherren bestimmt sind. Wie vor allem archäologische Befunde gezeigt haben, bestanden die Ringbefestigungen um kleine Burgen und Wohntürme im 10. und 11. Jahrhundert oft noch aus Wall und Graben. Sie konnten, wie bei der Pfalz Tilleda, zusätzlich mit einer hölzernen Palisade versehen gewesen sein. Erst allmählich kommt es zur „Versteinerung" dieses Befestigungsrings. Bei größeren Anlagen, etwa Sulzbach (Oberpfalz), ist diese Bauphase

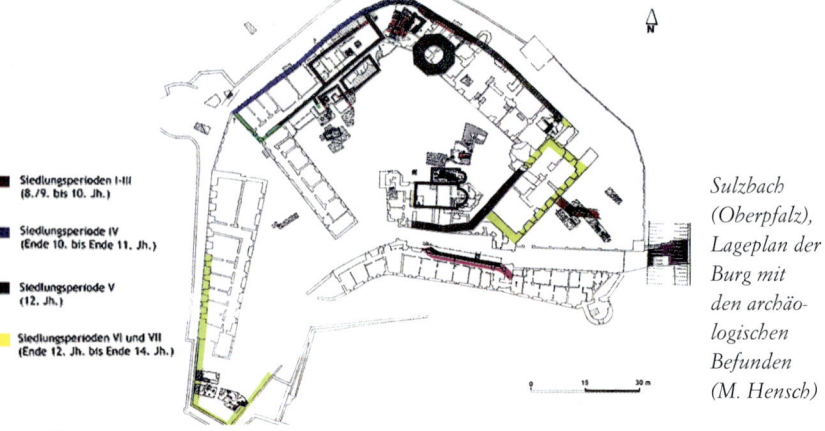

Siedlungsperioden I-III
(8./9. bis 10. Jh.)

Siedlungsperiode IV
(Ende 10. bis Ende 11. Jh.)

Siedlungsperiode V
(12. Jh.)

Siedlungsperioden VI und VII
(Ende 12. Jh. bis Ende 14. Jh.)

Sulzbach (Oberpfalz), Lageplan der Burg mit den archäologischen Befunden (M. Hensch)

schon um 1000 nachgewiesen, bei kleineren Anlagen oft erst im 12. Jahrhundert.

Die ältesten erhaltenen Ringmauern stammen aus dem 11. Jahrhundert. Es handelt sich um einfache Bruchsteinmauern aus kleinteiligem Steinmaterial (z. B. älteste Teile der Burg Quedlinburg, um 1000), manchmal auch aus schräg gemauerten Steinen. Dieses so genannte Fischgrätmauerwerk ist etwa in Dreieichenhain zu finden (Ende 11. Jahrhundert). Ursprünglich reichten bei vielen Burgen des 11. und 12. Jahrhunderts verhältnismäßig niedrige Mauern von einer Maximalhöhe von 5 Metern als Schutz aus. Allerdings befand sich vor dieser Mauer meist ein Graben, der den Ansturm gegen die Mauer erschwerte. Im 11. Jahrhundert wurden Ringmauern zur Regel im Burgenbau, wobei die Stärke wie in Weißenstein bei Werda (Kreis Marburg) zwischen 1 und 1,5 Metern lag, nur in Ausnahmefällen betrug sie 2 Meter.

Im 12. Jahrhundert wird das Aussehen der Ringmauern besser erfassbar, da aus dieser Zeit nicht nur untere Mauerpartien, sondern gelegentlich sogar die Mauerabschlüsse erhalten sind. Daraus lässt sich die Form der Wehrgänge und Zinnen deutlicher bestimmen. Die Mauer ist nun mit mindestens 1,5 Metern, gelegentlich 2 bis 2,5 Metern, wesentlich breiter als bei den frühen Anlagen. Der Wehrgang war zumeist durch die in den Türmen befindlichen Treppen erschlossen oder über Brücken von den Gebäuden aus erreichbar. Gelegentlich haben Schildmauern innen liegende Mauertreppen (Hirschhorn, Burg Schadeck, 13. Jahrhundert;

Maschikuli, mehrere Bodenöffnungen, ähnlich einem Wurferker, über dem Tor zur Veste Hohensalzburg

Dreieichenhain (Hessen), Fischgrätmauerwerk des späten 11. Jh.

Stolzeneck/Neckar, Ende 13. Jahrhundert). Kaum finden sich dagegen in die Ringmauer eingearbeitete oder auf Konsolen vorkragende Treppen, wie sie für die Stadtmauern der Zeit typisch sind (Oberwesel, Rothenburg o. d. T.), denn während man Stadtmauern nicht über Gebäude erreichen konnte, waren Burgmauern häufig mit Bauwerken verbunden und damit durch innere Treppen zu erschließen.

Hinsichtlich der Gestaltung unterscheiden sich Ring- und Stadtmauern kaum, wohl aber im Anschluss von Gebäuden. Ab dem 12. Jahrhundert bildete die Ringmauer in aller Regel zugleich die Außenseite der Gebäude, während in Städten oft ein schmaler Gang zwischen Gebäuden und Mauer gelassen wurde, der u. a. auf die partikularen Eigentumsverhältnisse der städtischen Häuser zurückzuführen ist. Bei einer Burg war ein solcher Gang nicht nötig und wäre Platzverschwendung gewesen. Also fügte man die Gebäude an die Ringmauer an. Dies geschah oft nach deren Errichtung in einem zweiten Bauabschnitt, manchmal auch deutlich später. Bestand für einen Ringmauerabschnitt keine wesentliche Angriffsgefahr, konnte das Gebäude sogar über die Mauer gezogen werden. Eine solche Situation trifft auf den Palas der Wartburg (um 1160) oder das Saalgeschoss von Münzenberg (2. Hälfte 12. Jahrhundert) zu.

An vielen Ringmauern lassen sich horizontale Baufugen erkennen. Sie zeigen an, dass die Mauer nachträglich aufgestockt wurde, wobei man im Hoch- wie im Spätmittelalter ältere Mauerabschnitte weiter verwendete. Dies geschah zumeist aus Gründen des Schutzes angesichts einer zunehmend besseren Angriffstechnik. Ein anderer Grund war häufig die Vergrößerung bzw. Aufstockung der Burggebäude, die eine Erhöhung der Mauer notwendig machte, um den dahinter liegenden Bau vor direktem Beschuss zu sichern. Je höher die Mauer, umso schwieriger wurde das Übersteigen. Die frühesten erhaltenen **Zinnen** stammen aus dem 12. Jahrhundert, bei älteren Ringmauern fehlen schlichtweg die Mauerkronen. Wie bildliche Darstellungen, etwa der Utrechter Psalter (1. Hälfte 9. Jahrhundert) oder der Echternacher Codex im Germanischen Nationalmuseum (um 1045), belegen, waren Ringmauern mit Zinnen und Wehrgängen auch vorher bekannt. Bei arabischen Burgen in Spanien sind Zinnen aus dem 10. Jahrhundert erhalten, auch hier können ältere Beispiele vorausgesetzt werden.

Zinnen waren ursprünglich immer rechteckig. Aus Gründen der Verteidigung war erforderlich, dass eine Person dahinter Deckung fand, um beispielsweise die Armbrust nachzuladen. Gleichzeitig musste der Zwischenraum ausreichend breit zum Zielen und Schießen in alle Richtungen sein. Die Zinnenform änderte sich erst

Zinnen auf dem Bergfried von Burg Landeck in Klingenmünster (Rheinland-Pfalz), 13. Jh., mit originaler Steinabdeckung

Münzenberg/Wetterau (Hessen), Ringmauer mit später vermauerten Zinnen, davor Zwingermauer aus Basalt

Schwalbenschwanzzinnen der Vorburg von Rappottenstein (Niederösterreich), 16. Jh.

in der Renaissance, als Viertel- und Halbkreiszinnen in Mode kamen. Sie sind fast immer dekorativ zu verstehen. Eine Spezialität italienischer und alpenländischer Burgen sind Zinnen aus zwei gegeneinandergesetzten Viertelkreisen, die aufgrund ihrer Form unter dem Namen „Schwalbenschwanzzinnen" bekannt sind. Bei diesen ab dem 13. Jahrhundert verbreiteten Zinnen verbinden sich praktischer Nutzen und Dekoration.

Im Gegensatz zu den Zinnen waren **Schießscharten** bis etwa 1200 in Mittel- und Westeuropa unbekannt. Im deutschsprachigen Raum kommen sie erst nach 1200 vor, eines der ersten Beispiele ist die Burg Neuleiningen (um 1220/30). Kurz vor 1200 treten die ersten Schießscharten in England (u. a. Dover) und Westfrankreich (Gisors, Parthenay) auf; die zeitliche Parallelität ist mit den englischen Besitzungen auf dem französischen Festland zu erklären. Möglicherweise älter sind die Schießscharten an einigen arabischen Burgen Spaniens, deren genaue Datierung jedoch umstritten ist.

Schießscharten sind in der Regel schmal und lang. Wie Versuche mit nachgebauten mittelalterlichen Waffen ergeben haben, kann ein geübter Bogenschütze aus einem Abstand von rund 30 m in einen nur 10 cm breiten Schlitz treffen. Je schmaler die Scharte, umso geringer war die Gefahr für den Verteidiger getroffen zu werden. Allerdings sind gerade die frühen Schießscharten relativ lang, da ein dahinter stehender Schütze sowohl das Vorfeld der Burg als auch den Mauersockel ins Visier nehmen musste. Zudem hatte der Verteidiger von der Scharte aus auch den Mauersockel zu sichern, der eine empfindliche Angriffsstelle war. Viele Burgen wurden erobert, indem der Feind den Mauersockel untergrub und damit die Mauer zum Einsturz brachte.

Auf der Innenseite sind Schießscharten mit einer Nische versehen, die es dem Verteidiger erlaubte, zum Schuss möglichst nahe an die Öffnung heranzutreten und sich anschließend wieder verbergen zu können. Die Nischenbreite erlaubt keine grundsätzliche Aussage über eine vorwiegende Nutzung von Bogen oder Armbrust, da sich vermutlich kein Burgenbauer von vornherein in der

Neuleiningen (Rheinland-Pfalz), Burg, Schießscharte, Innenansicht, um 1230

Die früheste datierbare Feuerwaffe ist die kleine Büchse im Germanischen Nationalmuseum (Nürnberg) aus Burg Tannenberg in Hessen, die 1399 zerstört wurde.

Wahl seines Verteidigungsmittels dergestalt eingeschränkt hätte.

Auf den ersten Blick sind Schießscharten und Fenster oft schwer zu unterscheiden. Schießscharten sind jedoch in der Regel daran zu erkennen, dass sie außen bündig im Mauerwerk sitzen. Hingegen sind die Schlitzfenster meist etwas zurückgesetzt. Deutlicher wird der Unterschied im Inneren. Hier weisen Schlitzfenster eine schräge Laibung statt einer rechteckigen Nische auf, da so der Lichteinfall in den Raum vergrößert werden konnte. Auch die Platzierung kann als Kriterium herangezogen werden. Schießscharten sitzen in den Ringmauern auf der Höhe von Wehrgängen, meist in zwei Etagen übereinander, wobei sich die oberen Scharten auch in den Zinnen befinden können. Sie sind meist kürzer, da sie nur der Sicherung des Vorgeländes der Burg dienen. In Türmen sind die Scharten so angebracht, dass man die Mauerabschnitte („Kurtinen") zwischen den Türmen sichern konnte und damit eine Flankendeckung besaß.

Als Verteidigungswaffen wurden zunächst Pfeil und Bogen, ab dem 10. Jahrhundert auch die Armbrust eingesetzt. Durchschlagskraft und Reichweite waren höher, der Bogen allerdings in der Schussfolge schneller. 1139 ächtete das Lateran-Konzil die Armbrust als Waffe zwischen Christen und gestattete ihren Einsatz nur im Kampf gegen Nicht-Christen.

Ab dem 14. Jahrhundert sind die ersten Feuerwaffen in Mitteleuropa nachweisbar. Man verwandte zunächst Hakenbüchsen, d. h. schwere Gewehre, die an der Unterseite

Lichtenstein (Unterfranken), über zwei Stockwerke reichende Schießscharte, um 1430

mit einem Haken versehen sind, um den Rückstoß aufzufangen. Mit ihrem Aufkommen war es nötig, die Schießscharten zu verbreitern und ihre Form zu verändern. Typisch wurde die Schlüssellochform, die unten durch eine Rundung für die Hakenbüchse und einen senkrechten Schlitz zum Zielen darüber gekennzeichnet ist. Gerade in der Frühzeit der Feuerwaffen hat man den Schießscharten auch andere, geradezu dekorative Formen gegeben. Wohl bewusst auffällig gestaltet sind z. B. die Scharten am Stadtmauerturm in Neckarbischoffsheim (1448). Neben den Schießscharten rüstete man auch die Zinnen zum Gebrauch von Hakenbüchsen um. Ein typisches Merkmal sind die kleinen Einlassungen für die Hölzer, an denen man die Haken der Büchsen einhing. Im 16. Jahrhundert werden die Schießscharten zunehmend breiter („Maulscharten"), um die nunmehr üblichen kleinen Kanonen, deren Höhe auf einer festen oder fahrbaren Lafette feststeht, seitlich schwenken zu können. Die Schießscharten sind hinsichtlich ihres Vorhandenseins und ihrer Form stärkeren Wandlungen unterworfen als viele andere Teile der Ringmauer und können daher als wichtiges Datierungsmerkmal für die Burgen bzw. einzelne Bauteile der Burgen dienen. Abgelöst wird die Ringmauer im 16. und 17. Jahrhundert durch Basteien, die der Aufstellung von Kanonen dienten.

Schild- und Mantelmauer

Üblicherweise ist die Ringmauer an allen Seiten gleich hoch und nahezu gleich dick. Es gibt jedoch auch Ausnahmen. So besitzt die in der 1. Hälfte des 13. Jahrhunderts errichtete Burg von Berneck (Baden-Württemberg) an der Hangseite eine teils mehr als 20 m hohe Mauer, während die übrigen Abschnitte der Ring-

mauer eine geringere Höhe besitzen und nur rund halb so dick sind. Ein ähnliches Phänomen findet sich in der nicht allzu weit entfernten Burg von Bad Liebenzell (1. Hälfte 13. Jahrhundert). Es handelt sich um so genannte Schildmauern, die eine besondere Form von Ringmauern bzw. Ringmauerabschnitten darstellen. Die Schildmauer ist ein besonders hoher und meist auch dicker Abschnitt der Ringmauer der Kernburg, seltener der Vorburg (St. Goar, Rheinfels, um 1300/05). Er ist gegenüber der Angriffsseite angelegt, wenn sich diese entweder dem ebenen Gelände oder einem aufsteigenden Hang zuwendet, von dem aus man die Burg von oben angreifen kann. Eine Variante der Schildmauer ist die Mantelmauer, die im Gegensatz zur geraden Schildmauer einen gekrümmten Mauerabschnitt darstellt (Lindenfels/Bergstraße, 1. Hälfte 14. Jahrhundert).

Hakenbüchsen-Scharte der Burg von Lienz (Osttirol), 15. Jh.

Stadtmauerturm in Neckarbischoffsheim (Baden-Württemberg) mit Scharte für Feuerwaffen, 1448

In Stetten (Künzelsau, Mitte 13. Jahrhundert) wird die aus Buckelquadern erstellte Schildmauer durch einen überdeckten Wehrgang abgeschlossen, ähnliches geschah in Amlishagen mit der Aufstockung im 14. Jahrhundert. Näherte man sich einer solchen Burg über den einst unbebauten Hangrücken, sah man zunächst nur die Spitze der Mauer. Nur vom Mauerfuß aus erscheint sie in ihrer fast uneinnehmbar wirkenden Höhe. Auch in Ortenberg gibt es einen Standort gegenüber der Schildmauer, von dem aus man fast auf die Burg hinunterschaut.

Schild- und Mantelmauern entstanden ab dem frühen 13. Jahrhundert und waren als Abwehr gegen neue Angriffs- und Belagerungswaffen gedacht. Bei Burgen des 12. Jahrhunderts hat man sich bei einer ähnlichen topographischen Lage oft mit der Errichtung eines Bergfrieds begnügt (z. B. Neuenburg/Sachsen-Anhalt; Lohra/Thüringen; Büdingen/Hessen). Ein solcher konnte aber auch in die Schildmauer einbezogen sein, wie in Bad Liebenzell, oder mit kurzem Abstand hinter der Mauer eine zusätzliche Deckung bilden, wie bei der Burg Ortenberg (Elsass, um 1260/70).

Schildmauern wie jene von Alt-Eberstein (Baden-Baden), Berneck und Bad Liebenzell sind von vornherein als entsprechende Bauteile konzipiert worden, da die Errichtung einer dickeren Mauer eine andere Fundamentierung benötigte als die normaler Ringmauern. Die Mauern sollten einem Blidenbeschuss möglichst lange standhalten. Gelegentlich hat man aber auch bestehende Mauern aufgestockt, z. B. Gutten-

Berneck (Baden-Württemberg), Schildmauer, 1. Hälfte 13. Jh.

St. Goar, Rheinfels (Rheinland-Pfalz), Schildmauer der Vorburg, um 1300/05, davor die später überbaute Zwingermauer

berg im 14. Jahrhundert, oder ihnen einen Bergfried hinzugefügt (Alt-Eberstein, Ende 13. Jahrhundert). Hinter der Schild- bzw. Mantelmauer kann sich der Innenhof der Burg verbergen, wie in Schönburg bei Oberwesel (14. Jahrhundert), bisweilen auch die Vorburg (Rheinfels, St. Goar, Anfang 14. Jahrhundert). In anderen Fällen wurden die Wohngebäude der Kernburg direkt an die Schildmauer angebaut, wie bei der Burg Blankenhorn (Eibensbach, Anfang 13. Jahrhundert).

Tor und Torturm

Als Hauptzugang zur Kernburg diente in der Regel ein großes Tor. Es liegt meist ebenerdig zum umgebenden Gelände, also dem Vorgelände der Burg oder dem Hofniveau der Vorburg. Das Tor liegt üblicherweise an einer leicht zugänglichen Seite der Kernburg. Im Falle einer Schild- oder Mantelmauer ist das Tor wie bei

Ortenberg (Elsass), Bergfried und Mantelmauer an der Hangseite, um 1260/70

Neckar-Steinach (Hessen), Burg Schadeck, gewinkelte Schildmauer mit Hocheingang und inneren Wehrgängen, Seite zur Burg

Burg Rheinfels (um 1305) seitlich daran angelegt. Bei kaum einer Burg erfolgte der Torzugang direkt. Fast immer befand sich vor dem Tor ein Graben, der durch eine mobile Brücke überwunden wurde. Erst im 18. und 19. Jahrhundert wurden die mobilen Stege (Wartburg, um 1200) oder Zugbrücken durch eine feste gemauerte Brücke ersetzt. In Ausnahmefällen konnte das Haupttor auch hoch über dem umgebenden Gelände angebracht und durch eine hölzerne Brücke mit Treppe erschlossen sein. Der Zugang ist dann einer hoch gelegenen Pforte in einen Wohnturm oder einen Bergfried vergleichbar, wie beim steilen Zugang der Burg Aggstein (Wachau) oder dem schrägen Zugang zum französischen Château Gaillard (um 1195) zu sehen ist.

Die frühen Burgen des 11. und 12. Jahrhunderts, bisweilen auch noch jüngere Anlagen, besitzen nur ein einfaches Tor in der Ringmauer, das

Eibensbach (Baden-Württemberg), Burg Blankenhorn, Spuren der Wohnbauten hinter der Schildmauer

durch keinen Vorsprung oder Torbau hervorgehoben ist. Als Verschluss diente ein hölzerner Drehflügel, der durch einen Schubriegel in der Mauer zu sichern war. Ähnliche Schließvorrichtungen, mitunter mit zwei Drehflügeln, finden sich auch bei Kirchen- oder Stadttoren, aber auch Fenstern. Wie das Beispiel von Christenberg bei Marburg (8. Jahrhundert) belegt, können auch frühmittelalterliche Burgen bereits aus der Ringmauer hervortreten. Christenberg besitzt ein so genanntes Kammer- oder Zangentor, bei

Aggstein (Niederösterreich), Stiege, heute als feste Holztreppe, von der Unterburg zur Kernburg

Wildenberg/Odenwald (Unterfranken), Torturm mit Kapelle, um 1220 vor dem Tor von etwa 1180/90 errichtet

(bei Miltenberg, Ende 12. Jahrhundert) mit dem nachträglich um 1220 errichteten Torturm eine Torform, die nicht geradlinig in die Ringmauer eingelassen ist, sondern in einer winkligen Ausbuchtung der Mauer liegt.

Viele Tore waren turmartig überhöht oder wenigstens mit einem oberen Stockwerk versehen. Dies hatte jedoch keine Auswirkungen auf das Tor selbst, das weiterhin seinen simplen Verschluss behielt, der selbst bei repräsentativen landesherrlichen Burgen wie der Wartburg (um 1200) zu finden ist. Hier ist das Tor nur spärlich durch einen Quaderbogen mit seitlichen Bogenauflagern ("Kämpfern") dekoriert. Noch heute sind bei diesen Toren häufig an der Innenseite die Befestigungen der Torholme unter der Decke sichtbar, manchmal auch noch die entsprechenden "Pfannen" am Boden. Viele Tore besitzen auch noch die Löcher in den Seitenmauern für den

dem die Ringmauer den Torweg einige Meter einfasst. Dies ermöglichte, einen etwaigen Angreifer von der Seite zu bekämpfen. Als Alternative findet sich z. B. in Burg Wildenberg

Lienz (Osttirol), Burg Bruck, Torweg durch den Torzwinger in die Kernburg

Schubriegel, der verhindern sollte, dass ein Tor von außen aufgedrückt werden konnte.

Eine repräsentativere Gestaltung erfuhren Burgtore zunächst durch eine einfache architektonische Rah-mung aus Kämpfern, Kapitellen und Bögen, bisweilen auch durch eine Musterung der eisenbeschlagenen Torflügel. Möglicherweise trugen einige Tore auch eine Bemalung, die allerdings nirgends erhalten ist.

Wartburg, Burgtor, um 1200, Drehflügel (14. Jh.), rechts Drehflügel der Innenseite des Torbaues, ganz links jüngere Zugbrücke (rekonstruiert um 1860)

Wappen scheinen als Bemalung oder Bauplastik erst ab dem 14. Jahrhundert üblich geworden zu sein. Eine frühe Besonderheit stellt die um 1180 angebrachte Bauherreninschrift der Burg Wildenberg dar, die allerdings an wenig hervortretender Stelle sitzt. Sie nennt zwei Bauherren, den archivarisch nachweisbaren Rubreht (Ruprecht) sowie den sonst unbekannten Burhert (Burkart) von (Wall-)Dürn. Im Spätmittelalter werden Besitzerinschriften

Cadolzburg (Mittelfranken), Torzwinger (15. Jh.) mit Zugbrücke und einfachem Tor zur Kernburg (Mitte 13. Jh.)

Wappenrelief von Ludwig Juppe über dem Wilhelmsbau des Marburger Schlosses (Hessen), 1497

Cadolzburg (Mittelfranken), Tor zur Vorburg mit Wappensteinen und propagandistischem Relief, das sich gegen die Juden richtet, nach 1417

Torbau der Burg Stargard (Mecklenburg) mit Nische der ehemaligen Zugbrücke, Ende 13. Jh.

häufiger und prominenter. Im 15. Jahrhundert verwendete man gelegentlich Schrifttafeln mit einem profilierten spätgotischen Rahmen (z. B. Hornberg/Neckar). Auch Wappen, die als plastische Bildwerke nahe dem Eingang angebracht wurden, sind im 15. Jahrhundert zunehmend verbreitet. Monumentale Beispiele sind das Tor zur Vorburg der Cadolzburg (nach 1417), dem ein doppeltes Tor zur Kernburg folgt, sowie das Georgstor von Burghausen (1494) und das Portal zum Wilhelmsbau in Marburg (1493–97). Einfache Torbauten und -türme blieben durchaus bis ins 16. Jahrhundert verbreitet. So ist der Torturm des Zwingers der Oberburg von Hornberg ein Schalenturm aus der 2. Hälfte des 15. Jahrhunderts, der ohne besonderen Torverschluss auskam. Auf der Ronneburg verzichtete man noch 1539 beim Neubau der Vorburg samt Torbau auf eine Zugbrücke; die hölzernen, mit Eisenbändern versehenen Türflügel sind noch erhalten.

Grundsätzlich waren aber bereits im 12. Jahrhundert neue Techniken zur Torsicherung entwickelt worden, selbst wenn nicht alle Burgen mit diesen ausgestattet wurden. Die auffälligste Neuerung ist das Fallgatter. Dieses Wehrelement verbreitete sich allerdings nur zögernd, in vielen Teilen Mitteleuropas tritt es erst ab dem 14. Jahrhundert auf. Ein Fallgatter besteht aus einem hölzernen Gitter aus überkreuzten Bohlen, das in seitlichen Führungsschienen eingelassen ist und von oben vor das geschlossene Tor hinabgelassen wird. Voraussetzung dafür war ein Torbau mit Obergeschoss bzw. ein Torturm. Im geöffneten Zustand war das Fallgatter hochgezogen und

Burgk (Thüringen), Vortor vor dem Torhaus

nahm einen Raum im 1. Obergeschoss des Torbaues ein, der zumeist noch über ein 2. Obergeschoss verfügte. Durch die Vergitterung der Hölzer („Verblattungen" wie im Fachwerkbau bzw. Schreinerhandwerk) ist dieses Gatter sehr stabil und das Aufbrechen dieser Torsicherung zeitaufwendig. Außerdem lässt es sich nur schwer durch Brandpfeile beschädigen. Während die „normale" Burg in Deutschland meist nur ein Fallgatter hat, gibt es gerade in Grenzgebieten und Orten, die kriegerische Auseinandersetzungen erwarten ließen, auch zwei bis drei Fallgatter hintereinander (z. B. Château Gaillard, um 1195).

Auch **Zugbrücken** gab es nicht von Anfang an, sie sind eine Erfindung des Spätmittelalters. Die ersten Zugbrücken lassen sich in Frankreich finden, erhalten haben sich Beispiele an den Portalen zu den Haupttürmen von Ambleny und Etampes (2. Hälfte 12. Jahrhundert), wenig später folgt ein Tor der Burg Dover (Ende 12. Jahrhundert). Im deutschsprachigen Raum ist die älteste nachweisbare Zugbrücke die der Burg Stargard der Markgrafen von Brandenburg aus dem dritten Viertel des 13. Jahrhunderts (heute Mecklenburg). In Süddeutschland gab es Zugbrücken wohl erst im 14. Jahrhundert. Zur Standard-Torsicherung wurden Zugbrücken in Mitteleuropa erst in der frühen Neuzeit. Beim Schlossbau und bei Festungen wurden noch im 19. Jahrhundert Zugbrücken konstruiert, etwa bei der Festung Ehrenbreitstein in Koblenz. Die Zugbrücke ist eine Kombination aus einer demontierbaren „Brücke" und einem Tor, dessen Flügel nicht seitlich nach innen, sondern vertikal nach außen geöffnet wird. Vor ihrer Erfindung bestand die Brücke über den Burggraben vermutlich aus demontierbaren Bohlen auf einem Stützgerüst, doch hat sich eine solche Konstruktion nirgends erhalten und kann nur aus dem Fehlen von Spuren fester Brücken aus Stein oder Holz erschlossen werden. Der Torflügel der Zugbrücke verbindet zwei Funktionen: Im geöffneten Zustand bildet er die Brücke über den Graben, im geschlossenen dient er als Torverschluss.

Die Bedienung erfolgte vom Burginneren. Dies setzte eine Technik voraus, bei der man das vordere Ende der Brücke durch Ketten oder Seile direkt oder mit langen hölzernen Hebeln anheben oder absenken konnte. Die gesamte Zugbrücke musste in einer Nische innerhalb der Burgmauer verschwinden, damit der Angreifer sie nicht mit einer langen Hakenstange herunterziehen konnte. Diese Nischen sind heute noch an Burgen, an denen diese Brückenform längst verschwunden ist, zu erkennen und ein Zeichen dafür, dass es früher dort eine solche Zugbrücke gab. Die Technik selbst musste im Torweg an der Seite untergebracht werden, sie bestand aus Ketten und Kettenwinden, die meist über kleine Rollen in den Ecken der Tornischen nach außen geleitet wurden. Alternativ wurden lange hölzerne Gerten verwandt, die wie Angeln aus dem Torhaus herausragten und an deren Ende die Zugbrücke befestigt war. Eine solche Zugbrücke konnte frei vor dem Gebäude aufgestellt oder in das Gebäude integriert sein. Zu den wenigen deutschen Beispielen für

Harburg (Bayer. Schwaben),
Fallgatter des Burgtors

diese vor allem in Italien im 15. und 16. Jahrhundert verbreitete Form zählt die Burg Hohenrechberg. Eine Variante zeigt die Burg Burgk (Thüringen, 15. Jahrhundert), bei der die Zugbrücke mit konventionellem Kettenzug in einem kleinen Gebäude vor dem eigentlichen Burgtor steht.

Neben dem Fallgatter und der Zugbrücke war die üblichste Form der Torsicherung der Wurferker. Sein Aussehen unterscheidet sich auf den ersten Blick kaum von einem Aborterker, nur der Anbringungsort über dem Tor bzw. der Pforte zeigt die tatsächliche Funktion an. Die meisten Wurferker gehören erst dem Spätmittelalter an (z. B. Runkelstein,

Guttenberg) und dienten vor allem als Schusserker. Allenfalls mag man auch Steine hinuntergeworfen haben, doch fehlt bei den Wurferkern fast immer der Platz, entsprechende Steinmengen zu lagern. Das Schütten von heißem Pech und kochendem Wasser gehört der Phantasie des 19. Jahrhunderts an; man hätte kaum wertvollstes Gut an den Feind verschwendet, zudem haben die Ringmauern keine Möglichkeiten zum Lagern und gar Kochen von Pech oder Wasser.

Sehr wahrscheinlich war in den meisten Burgen kein umfangreiches permanentes Wachpersonal zur Sicherung der Ringmauer abgestellt, sie wurden ausschließlich im Ernstfall besetzt. Nur in besonders gefährdeten Gebieten und bei großen Kreuzfahrer- oder Ordensburgen, etwa dem Crac des Chevaliers, lässt sich

Lenzburg (Aargau), Torweg mit Zugbrücken zur Pforte und zur Durchfahrt

Seite 79:
Hornberg am Neckar (Baden-Württemberg), Innenseite des Torturms, 15. Jh.

ein bewohnbarer Zwingerturm für den Zwingerkommandanten und Wachpersonal nachweisen. Allerdings gab es in aller Regel eine Wohnung für den Torwächter neben oder über dem Tor. Auch bei größeren Anlagen bestand die Hauptaufgabe der Torwache aber weniger in der Abwehr eines Überraschungsangriffs, als vielmehr der Kontrolle des alltäglichen Besucherverkehrs. Dafür gab es etwa Sprechöffnungen neben und über dem Tor, die oft als Schießscharten wenig geeignet sind (Ronneburg/ Hessen; Hohenasperg, Torturm, Mitte 16. Jahrhundert).

Burghof

Hat man das Tor passiert, gelangt man in den Innenhof der Burg. Die meisten Burgen haben nur einen Burghof im innersten Bereich. Große Anlagen wie die Cadolzburg (Mittelfranken) konnten einen weiteren rückwärtigen Hof mit weiteren Wohngebäuden besitzen. Innerhalb der Infrastruktur der Burg bildet der Burghof gewissermaßen das Verkehrszentrum, um das sich alle wichtigen Gebäude und Funktionen gruppieren.

Burghöfe konnten je nach Größe, Topographie und finanziellen Möglichkeiten des Bauherrn ganz unterschiedliche Formen annehmen. In der Regel waren Burghöfe im Hoch- und Spätmittelalter ungepflastert, statt dessen besaßen sie einen gestampften Boden, wie er sich u. a. in der Burg Münzenberg in der Wetterau (2. Hälfte 12. Jahrhundert) erhalten hat. Erst bei den Schlossbauten der Renaissance und des Barock treten gepflasterte Innenhöfe

auf, teilweise mit kunstvollen An-ordnungen der Pflastersteine (z. B. Weilburg/Lahn, Hofpflaster aus dem 18. Jahrhundert).

Zu Burghöfen des hohen und späten Mittelalters gibt es bislang nur we-nige Untersuchungen. Zu den Aus-nahmen gehören die archäologischen Befunde zur Burg Romrod (Hessen) vom Ende des 12. Jahrhunderts. Sie zeigen, wie sehr die Hofgestaltung vom Gelände abhängig ist. Ist die Anlage wie im Falle von Romrod in einer sumpfigen Gegend errichtet, so bestanden die Wegflächen innerhalb der Burg zunächst aus mit Knüppeln und Bohlen befestigten Dämmen. In Romrod ließen sich mehrere Schich-ten solcher Wegbefestigungen aus Knüppeln und Reisig feststellen. Zum Ableiten des Regenwassers be-nutzte man ein hölzernes Abfluss-rohr (1181 datiert), das vom Hof nicht in eine Zisterne, sondern aus der Burg hinaus führt.

In felsigem Gelände und bei Höhen-burgen konnten Innenhöfe häufig nicht eben angelegt werden. Noch heute lassen sich Wege und Stufen erkennen, die unmittelbar in den Felsen eingehauen wurden, um die Burghöfe überhaupt nutzbar und passierbar zu machen. Viele von ih-nen sind äußerst schmal und un-eben, was dafür spricht, dass nur wenige Bewohner auf der Burg leb-ten, eine Ausnahme bildet die Frei-treppe der Burg Purnstein (Ober-österreich, 15. Jahrhundert), die be-reits auf die Renaissance verweist. Hingegen legte man bei Burgen mit hohem Personalaufkommen, etwa den großen Ordensburgen im Kreuz-fahrergebiet (Marqab; Crac des Che-valiers) gelegentlich auch breite Treppen und Wege an.

Weilburg (Hessen), Schloss, Pflasterung des 18. Jh., Schloss-turm ab 1567

Die Burg Kyffhäuser (Thüringen) veranschaulicht das unebene Gelände, das für viele mittelalterliche Burghöfe typisch war.

Der Burghof war zunächst die unbebaute Freifläche, die nach dem Errichten der verschiedenen Bauwerke übrig blieb. Er war zugleich der Hauptkommunikationsweg, um schnell von einem Gebäude in ein anderes zu gelangen. Und schließlich war er wichtig für die Wasserversorgung bzw. -entsorgung der Burg. Fast immer befindet sich im Hofbereich die Zisterne, d. h. der zentrale Wasserspeicher der Anlage. Sie benötigt einen möglichst sauberen Wasserzulauf. Eine verbreitete Alternative zeigt die Burg Runkelstein (Südtirol), wo spätestens nach Umbaumaßnahmen um 1390 das Wasser von den Dachflächen direkt in die Zisterne geleitet wurde. Ein besonders raffinierter Wasserzulauf hat sich bei der kleinen Burg Andrade in Galizien (um 1370) erhalten. Hier sind an der Außenmauer des Hauptturmes Rinnen für den Wassereinlauf in eine Zisterne vorhanden, so dass sogar der Schlagregen gesammelt werden konnte, der an den Mauern herabläuft. Bei den Kreuzfahrerburgen im Nahen Osten kann man komplexe Ver- und Entsorgungssysteme beobachten, die auf zahlreichen Wasserläufen und Zisternen beruhen (z. B. in Marqab/Syrien, 12. und 13. Jahrhundert). Auf der thüringischen Wartburg wurde 2006 die historische Felsoberfläche des Burghofs freigelegt, wobei man neben Gebäuderesten auch Teile der Wasserführung zur tiefer gelegenen Filterzisterne (12. Jahrhundert) entdeckte.

Wohnbau und Wohnturm

Das Hauptgebäude der Burg ist der Wohnbau bzw. der Wohnturm. Je nach Alter und Größe der Burg gibt es eventuell sogar mehrere Wohnbauten (z. B. Ulrichsburg, Rappoltsweiler/Elsass, 13. Jahrhundert; Burg Münzenberg durch Umbau im 13. Jahrhundert). In ihnen waren die Wohnräume der Herrschaft untergebracht. Hierzu gehörten Räume für den täglichen Aufenthalt, Schlafräume, Räume für die Repräsentation und die Ausübung der Herrschaft, möglicherweise auch Küche, Vorratsräume und eine Badestube, sofern sich diese nicht in eigenen Gebäuden befanden. Ob klein oder groß, einfach oder luxuriös, immer besitzt ein Wohnbau Schlaf- und Aufenthaltsräume.

Zur Bezeichnung für Bauten des Wohnens und der Repräsentation innerhalb der Kernburg existieren verschiedene Begriffe, vor allem Wohnbau, Wohnturm, Kemenate, Palas und Saalbau, die in ihren Definitionen nicht immer klar voneinander abgesetzt sind. In ihnen werden spezielle Funktionen zum Ausdruck gebracht, die sich besonders mit dem Aspekt der Repräsentation verbinden. Räumlicher Ausdruck der repräsentativen Ansprüche ist der Saal, der sich in verschiedenen Formen in fast jeder Burg ab dem Hochmittelalter findet.

Frühe Wohnbauten des 11. und frühen 12. Jahrhunderts

Wohnbauten aus dem späten 10. und dem 11. Jahrhundert sind nur in Resten erhalten. Die meisten sind nur durch Ausgrabungen überliefert. Sie geben zumeist nur Anhaltspunkte zur Lage von Bauwerken und ihrer Grundrisse, selten sichere Hinweise zu ihrer Nutzung. Die geringe Erhaltungsdichte hat auch mit den Baumaterialien zu tun. In den frühmittelalterlichen Burgen waren die Wohnbauten entweder noch einfache Fachwerkhäuser, wie in der ersten und zweiten Phase der Burg Husterknupp am Niederrhein (9. und 10. Jahrhundert), oder aber turmartige, zumeist ebenfalls aus Holz bestehende Bauten, wie sie die dritte Bauphase des Husterknupp (11. Jahrhundert, vgl. Friedrich 1998) zeigt.

Wie der Husterknupp, waren die frühen Burgen des 10. und 11. Jahrhunderts vielfach Bauten aus Holz bzw. Fachwerk oder hatten wenigstens einzelne Gebäude aus Fachwerk (Frohburg, Mitte 11. Jahrhundert, Wohnhaus mit ebenerdiger Feuerstelle). Dies garantierte zwar eine gute Haltbarkeit, eine relativ gute Wohnqualität und eine einfachere und schnellere Errichtung als der

Münzenberg (Hessen), Blick vom östlichen Bergfried auf die Wohnbauten des 12. (links) und 13. Jh. sowie den westlichen Bergfried

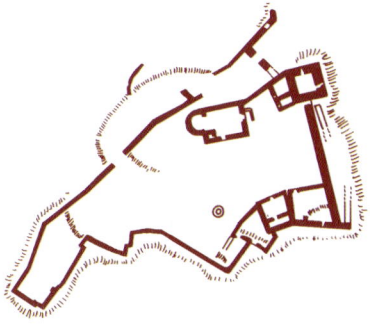

Marburg (Hessen), ältester Bau, vermutlich Wohnturm (links, um 1100) und frühe Ringmauer (rechts, 12. Jh.)

Grundriss der Burg Jörgenberg, Schweiz, mittelalterlicher Wohnbau, Bergfried und frühmittelalterliche Kapelle (nach W. Meyer)

kostenintensivere Steinbau, jedoch keine hohe Sicherheit bei Angriffen. Dies trug dazu bei, dass ab dem 11. Jahrhundert Burgen zunehmend in Steinbauweise errichtet wurden. Der einzelne steinerne Wohnbau innerhalb einer weitgehend aus Holz bestehenden Burganlage wird häufig als „festes Haus" bezeichnet. Der Begriff stammt aus der Hausforschung, wo er einen herrschaftlichen Steinbau innerhalb einer aus Fachwerkhäusern bestehenden Siedlung benennt. In Burgen haben sich frühe Beispiele für „feste Häuser" jedoch nicht erhalten, sie sind nur archäologisch nachweisbar.

Ebenfalls auf die Archäologie angewiesen ist man bei der Frage, ob es sich bei frühmittelalterlichen Anlagen bei dem Hauptgebäude um ein Wohnhaus oder einen Wohnturm gehandelt hat. Handelt es sich um einen annähernd quadratischen Grundriss, so ist eher ein Wohnturm anzunehmen. Die meisten ergrabenen Bauten besitzen jedoch einen länglich-rechteckigen Grundriss, was eher für einen Wohnbau spricht. Auf die innere Aufteilung lässt sich ebenfalls nur über die Grundmauern rückschließen. Danach wiesen die meisten Wohnbauten nur eine ge-

ringe Raumdifferenzierung auf. Typisch dürfte der Wohnbau der Burg Todenmann bei Rinteln (Heine in: Böhme 1991, S. 68) sein, der nach dem Grundriss aus zwei Räumen bestand. Allerdings ist bislang zu wenig über die Wohnbauten von frühen Burgen bekannt, um feste Regeln aufzustellen oder gar Typen bestimmen zu können.

Bei der grundsätzlichen Frage, ob es sich bei einem Gebäude tatsächlich um einen Wohnbau handelte, hilft die Identifizierung einer Feuerstelle. Sie diente zumeist sowohl als Koch- wie Heizmöglichkeit und war auch bei Wohntürmen zumeist im Erdgeschoss situiert. Die einfacheren Burgen unterscheiden sich in dieser Hinsicht nicht von großen bäuerlichen Anwesen. Aufwendigere Wohnbauten lassen sich für das Frühmittelalter hauptsächlich in den Königsburgen und Pfalzen rekonstruieren, die in der Regel überwiegend aus Stein errichtet waren. Geringe bauliche Reste können in später erweiterten Gebäuden oder Mauern erhalten geblieben sein, doch handelt es sich dabei, wie bei der Nordmauer des

Kornhauses der Burg Querfurt (Schmitt, Wohntürme, 2002), meist nur um kurze Mauerabschnitte, die keine vollständigen Gebäudegrundrisse oder gar Raumfunktionen mehr überliefern können.

Wohnbauten des 12. und 13. Jahrhunderts

Besser erhalten und entsprechend umfassender erforscht sind die Wohnbauten des „klassischen" Burgenbaus des 12. und 13. Jahrhunderts. Wie die Beispiele der Burgen Münzenberg (12. Jahrhundert) und Runkelstein (13. Jahrhundert) zeigen, ist der „normale" Wohnbau dieser Epoche zwei- bis dreigeschossig und enthält Räume für die wichtigsten Wohn- und Lebensfunktionen. Neben beheizbaren Wohnräumen gab es unbeheizte Kammern, eventuell auch einen kleineren Saal, einen oder mehrere Abtritte sowie häufig eine Küche und Vorratsräume. Die Zahl, Größe und Gestaltung der Räume konnte natürlich sehr unterschiedlich sein. Der Wohnbau lehnt sich meist an die Ringmauer an. Er ist grundsätzlich nicht mit dem Torbau identisch, sondern steht diesem gegenüber oder schließt sich an das Tor bzw. den Torbau an (Wartburg 12. Jahrhundert, Lenzburg 13. Jahrhundert, Trendelburg 15. Jahrhundert; in Guttenberg steht das Torhaus seit dem 15. Jahrhundert zwischen zwei Wohnbauten).

Der Zugang zum Wohnbau erfolgte meist ebenerdig vom Burghof aus oder über eine kurze Freitreppe. Im 12. und frühen 13. Jahrhundert kommen jedoch auch Wohnbauten mit hoch gelegenen Eingängen vor, wie bei Burg Taufers in Südtirol. Die innere Erschließung erfolgte bis ins 15. Jahrhundert hinein mehrheitlich durch geradläufige Treppen oder Stiegen, die entweder zwischen den Balkenlage der einzelnen Stockwerke oder bei entsprechender Dicke auch in der Mauerstärke untergebracht waren. Wendeltreppen sind erst ab dem 14. Jahrhundert verbreitet und werden in der Renaissancezeit zum Regelfall.

Präzise Aussagen über die Anordnung und die genaue Funktion der einzelnen Räume sind aufgrund des ruinösen Erhaltungszustands bzw. späterer Umbauten oft sehr schwierig. Zudem bestanden gerade in den oberen Stockwerken Innenwände häufig nicht aus Stein, sondern aus Fachwerk und sind oft spurlos verschwunden. Nur wenn, wie im Falle von Runkelstein, die Außenwände bemalt sind, lässt sich an breiten

Monfort (Rheinland-Pfalz), Ganerbenburg, Kamine der Küche (unten) und zweier Wohnräume, 14. Jh.

Bernstein (Elsass), Wohnbau mit erhöhtem Zugang von der Vorburg, Blick vom Bergfried

senkrechten Fehlstellen oder plötzlichen Dekorwechseln auf das einstige Vorhandensein von Zwischenwänden schließen.

Bei Burgruinen können an den Außenmauern zumindest die Balkenlagen und damit die Geschosseinteilungen abgelesen werden. Anhand von Spuren im Mauerwerk lassen sich auch Ansätze von massiven Innenwänden rekonstruieren, kaum jedoch die hölzernen Zwischenwände. Mit den Innenwänden verschwanden wichtige Hinweise auf ursprüngliche Heizmöglichkeiten, die wiederum Indizien für die Raumfunktion darstellen.

Zum **Beheizen** gibt es drei Möglichkeiten. Die im ganzen Mittelalter am weitesten verbreitete und heute am besten nachweisbare Heizform war der Kamin, d.h. eine offene, in die Wand eingelassene Feuerstelle mit einem Abzugsschacht nach oben.

Kamine bewirkten eine, wenn auch nur spärliche Erwärmung des Raumes. Wohl auch aufgrund seiner oft repräsentativen Gestaltung wurde er üblicherweise zum Heizen von Sälen in Burgen und Pfalzen gebraucht (z. B. Pfalz Gelnhausen, um 1170). Im Gegensatz zum Ofen setzt das offene Kaminfeuer eine Steinwand voraus. Kamine waren grundsätzlich an der Innenseite der Außenwände oder an steinernen Innenwänden untergebracht. Sicher anzutreffen sind sie in den repräsentativeren Räumen, d. h. den Sälen, vor allem in größeren und luxuriöser ausgestatteten Burgen gibt es aber auch Kamine in Schlafkammern.

Seit der Antike war die Hypokaustenheizung bekannt. Sie besteht aus einer backofenähnlichen Feuerstelle, aus der warme Luft in nahe, meist unmittelbar darüber gelegene Räume gelenkt wurde. Derartige Bodenheizungen wurden auf Burg Weißensee (Thüringen, um 1200) und in der Bischofsburg von Ziesar (Brandenburg, 14. Jahrhundert) ausgegraben. Das genaue Aussehen einer Hypokaustenheizung zeigt das im Rathaus von Göttingen erhaltene Beispiel (gegen 1300).

Öfen gehören dagegen erst ab dem fortgeschrittenen 13. Jahrhundert zur Standardausstattung einer Burg. Sie waren ursprünglich aus Kacheln, seit dem 15. Jahrhundert auch aus Eisenplatten zusammengesetzt und ließen sich durch ein Heizloch von der Rückseite, d. h. vom Nachbarraum aus, bedienen. Dorthin entwich auch der Rauch. Da das Feuer in einem geschlossenen Kasten brannte, konnten Öfen auch an einer Fachwerkwand Aufstellung finden. Der Ofen ist das konstituierende Merkmal der Stube (lat./ital. „stufa" = Ofen). Der genaue Ursprung der

Ziesar (Brandenburg), Heizkammer der Hypokausten-Heizung im Untergeschoss des Wohnbaues, 14. Jh.

ofenbeheizten Stube ist ungeklärt. Die ältesten schriftlichen Quellen sprechen dafür, dass der Begriff „stufa" in Mittel- und Nordeuropa zunächst keine Wohnstube, sondern eine Badestube bezeichnete. Erste literarische und archivalische Belege für Stuben, die nicht zum Baden genutzt wurden, finden sich im 13. Jahrhundert. Dies legt nahe, dass sich im Hochmittelalter die (Wohn-)Stube um die Wende zum 13. Jahrhundert als Raumtyp herausgebildet hat.

Vor der Erfindung des Ofens und dort, wo die aufwendigen Hypokausten zu teuer waren, dienten Kamine aber auch zur Beheizung von alltäglich genutzten Wohnräumen, waren also funktionelle Vorläufer von Öfen. Es ist daher äußerst schwierig, allein von der Heizmöglichkeit auf die Raumfunktion rückzuschließen, zumal viele Räume multifunktional waren. Bei einem kleineren Raum mit einem Kamin kann es sich um einen kleinen Saal, einen Wohnraum oder sogar um eine Schlafkammer

Wartburg (Thüringen), Kachelofen des 16. Jh. in der „Lutherstube"

Burgsteinfurt (Westfalen), Schloss, Kamin des 16. Jh. im Saal

Besigheim (Baden-Württemberg), Abort

Wimpfen (Baden-Württemberg), Königspfalz, Abort am Bergfried

handeln, die im Normalfall allerdings unbeheizt blieben. So sind im „Palas" der Burg Münzenberg (2. Hälfte 12. Jahrhundert) die verhältnismäßig kleinen Räume durchweg mit Kaminen ausgestattet, die offenbar auch bei den „normalen" Wohnräumen den Komfort steigern sollten. Das gleiche gilt für die Burg Gutenfels in Kaub (Anfang 13. Jahrhundert, vgl. Biller 2002), bei der ebenfalls zwei mit Kaminen beheizte Räume nebeneinanderliegen, bei denen es sich eher um Wohnräume, denn um Säle handelt. Eindeutig ist die Raumfunktion allein bei Öfen: sie kamen grundsätzlich nur in Wohnräumen vor.

Ein zweites wichtiges Indiz auf die Wohnnutzung stellt neben der Heizung der **Abort** dar. Fast alle Burgen besitzen im Wohnbau mindestens einen Abort. Er war meistens als Erker an die Außenmauer angesetzt oder als Nische in die Außenmauer eingelassen. In beiden Fällen erfolgte die Entleerung in den Burggraben. Eine Wasserspülung gab es üblicherweise nicht. Ein spätmittelalterlicher Abort ist also kein WC (engl. „Water Closet"), sondern eine Form

Schallaburg (Niederösterreich), Wohnbau des 12. Jh. mit überhöhtem Sockelgeschoss (Küche?), Wohngeschoss mit Abort und Rauchabzug, Saalgeschoss und nachträglicher Aufstockung

des Plumpsklos. Aborte, in spätmittelalterlichen Quellen auch als „Heimlichkeit" bezeichnet, liegen in der Regel in der Nähe einer Schlafkammer, da man den nächtlichen Weg dorthin kurz halten wollte. Aber auch Säle können einen, bisweilen sogar mehrere angebaute Abtritte besitzen, die bei Versammlungen oder Gastmählern den Teilnehmern eine schnelle und gepflegte Form der Erleichterung boten.

Wohnbauten in hochmittelalterlichen Burgen besaßen eine zwar vermutlich bereits in groben Zügen festgelegte Raumanordnung, doch wurden viele Räume für unterschiedliche Funktionen benutzt und sind daher heute schwer bestimmbar. Die „freie" Raumanordnung gilt vor allem für die Burgen des 12. und 13. Jahrhunderts, wo zudem hinsichtlich Art und Umfang von Wohnräumen große Differenzen und entsprechende Unsicherheiten der Forschung herrschen. In Ausnahmefällen können jedoch bereits im Hochmittelalter feste Raumanordnungen festgestellt werden. Ein Beispiel ist der Wohnturm von Paterno in Sizilien (um 1240), der im Machtbereich des Stauferkaisers

Spesburg (Elsass), Wohnbau mit kaminbeheizter Kammer, ofenbeheizter Stube (rechts im Mittelgeschoss) und Saal im Obergeschoss, 13. Jh.

Wäscherschloss (Baden-Württemberg), spätmittelalterliche Fachwerkfassade des Wohnbaues, rechts die Bohlenstube, links Kammern, darüber Aufstockung des 17. Jh.

Friedrich II. lag. Der Turm besaß eine differenzierte Raumstruktur, bei der bereits die Abfolge von beheizbarem Wohnraum und einem meist unbeheizten Schlafraum, erweitert um die zentralen Säle, zugrunde lag. Es ist nicht ausgeschlossen, dass diese Raumanordnung im 13. Jahrhundert auch in Mitteleuropa bekannt war, doch konnten bislang keine Beispiele gefunden werden.

Dass auch Burgen in Deutschland bereits Mitte des 13. Jahrhunderts differenzierte Grundrisse besitzen, zeigt die Spesburg (Elsass). Sie war mit Bergfried und zwei Wohn- und Wirtschaftsbauten wohl vollständig überbaut; statt eines Hofes ergaben sich flurartige Verbindungsräume. Der Wirtschaftsbau enthielt im Untergeschoss sehr wahrscheinlich die Küche, im Obergeschoss waren Schlafräume untergebracht, worauf die dortigen Aborterker schließen lassen. Der Wohn- und Saalbau hatte im 1. Hauptgeschoss einen wohl ofenbeheizten Raum und dahinter einen kaminbeheizten Raum. Im 2. Geschoss war ein großer Saal angesiedelt. Über die genaue Raumauf-

teilung ist keine Aussage möglich, da die Fachwerk-Zwischenwände im Laufe der Jahrhunderte entfernt wurden. Vergleichbares lässt sich sogar schon in einzelnen Burgen des 12. Jahrhunderts feststellen.

Wohnbauten des Spätmittelalters

Der Wohnbau des späten Mittelalters unterscheidet sich zunächst kaum von jenem des Hochmittelalters. Grundsätzlich ist ein langsamer Übergang von anfänglich noch vielfach zweigeschossigen zu später vernehmlich drei-, selten sogar viergeschossigen Wohnbauten zu beobachten, der sich im Laufe des 13. und frühen 14. Jahrhunderts vollzog. Während im Hochmittelalter Holz- und Fachwerkbauten noch eine größere Rolle spielen, sind die spätmittelalterlichen Wohnbauten grundsätzlich Steinbauten, die fast immer einen längsrechteckigen Grundriss besitzen. Dank der besseren Überlieferungslage sind die Bauten bezüglich ihrer architektonischen Formen etwas umfassender erforscht als die hochmittelalterlichen Vorläufer; hinsichtlich der Raumnutzung sind jedoch weiterhin kaum konkrete Aussagen möglich. Zudem wird man für jede verallgemeinernde Aussage immer wieder zahlreiche Gegenbeispiele nennen können.

Aus dem 14. Jahrhundert sind bislang ebenfalls nur wenige Beispiele für eine differenziertere Raumgliederung bekannt, was auch an der mangelnden Forschung in diesem Bereich liegt. Zu den besser untersuchten Bauten gehören die Burgen des böhmischen Königs Karl IV. (1346–1378). Sie besitzen als Königsburgen in Bezug auf die Architektur und differenzierte Raumanordnung eine herausgehobene Stellung, können jedoch in ihrer Zeit allenfalls als beispielgebend, keinesfalls als typisch angesehen werden. Eine

Lauf (Mittelfranken), kaminbeheizter Raum mit Darstellungen böhmischer Adelswappen (Detail)

Ausnahmeburg in jeder Hinsicht ist die Burg Karlstein südlich von Prag, die Karl ab 1348 zur Unterbringung der Reichskleinodien errichten ließ. Sie verfügt über mehrere Bauten mit Wohnfunktionen. Die höchste Stelle nimmt ein Wohnturm ein, dessen reich geschmückte Kapelle dem Hl. Kreuz geweiht war, hier befanden sich die Reichskleinodien. Ein etwas tiefer stehender Wohnturm enthält eine Marienkapelle, die vom Wohnbau aus zugänglich war und als Hauptkapelle des 1357 in der Burg gegründeten geistlichen Kapitels diente. Neben den beiden Türmen ergänzt ein großer Wohn- und Saalbau das Bauprogramm um einen traditionellen Baukörper, der nochmals eine kleine Kapelle enthielt.

Auch die Burg Lauf, durch Karl IV. um 1350/55 als königlich-böhmische Burg vor den Toren Nürnbergs errichtet, besitzt im 1. Obergeschoss eine differenzierte Raumanordnung und -ausstattung, die sich über zwei Bauteile, Nord- und Ostflügel, erstreckt. Drei Räume treten besonders hervor, die durch einen gewölbten Flur erschlossen werden, der ein im 14. Jahrhundert neues und ausgesprochen modernes Bauelement ist. Im Norden gelangt man

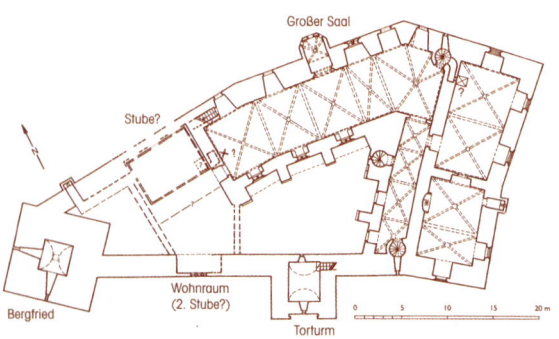

Lauf (Mittelfranken), Grundriss der Burg im Zustand um 1360 (D. Burger, M. Rykl)

Steinbach-Fürstenau (Hessen), Wohnflügel des 15. Jh. mit drei bewohnten Geschossen und einem zum Wohngeschoss umgebauten Wehrgang-Geschoss, rechts Kapellenerker, Mitte Stubenerker, links Aborterker

in den großen Saal, daneben, im Nordosten, in die „Herrenstube", wie sie im 16. Jahrhundert genannt wurde. Von dieser führte eine Tür in eine größere Kammer, die man vom Flur aus nicht direkt betreten konnte. Sie war mit einem Kamin und einem Abort ausgestattet. Mit dieser Raumanordnung ist die Burg Lauf ein frühes Beispiel für die Appartementgliederung, die im 15. und 16. Jahrhundert den gesamten Burgen- und Schlossbau Mitteleuropas beherrschen wird.

Die Laufer Kammer weist eine Besonderheit auf: Sie ist an den Wänden mit 112 plastischen Wappen verziert, bei denen es sich um alle das Königreich Böhmen bildenden Herren handelt, 1361/62 entstanden. Ein solches Wappenprogramm war Mitte des 14. Jahrhunderts ungewohnt, erst ab der Wende zum 15. Jahrhundert treten Wappenfolgen und Stammbäume als Wanddekoration häufiger auf. Die Wappen deuten darauf hin, dass die Kammer kein Privatgemach war, sondern auch der Repräsentation diente. Sie vereinte

die Aufgaben eines fürstlichen Schlafgemachs mit jenen eines halbprivaten Rückzugsraumes, zu dem wohl nur ausgewählte Gäste Zutritt fanden. Eine ähnliche Kombination von privaten und repräsentativen Funktionen zeichnet das „Studiolo" (Studier-/Arbeitszimmer) der Frührenaissance aus, das etwa zu derselben Zeit in Italien als neue Raumform auftritt.

Dass sich die in Lauf zu beobachtende Appartementstruktur im 14. Jahrhundert noch nicht durchgesetzt hatte, zeigen Beispiele wie die Weidelsburg bei Wolfhagen, unter den Landgrafen von Hessen im späten 14. Jahrhundert begonnen, jedoch zeitweilig vom Erzbischof von Mainz genutzt; die Burg war zwischen beiden Herren umstritten. Hier sind die Wohnfunktionen auf zwei getrennt stehende Wohnbauten aufgeteilt. Der erste annähernd quadratische große Bau enthält im unteren Geschoss eine Halle und im oberen Geschoss einen Saal mit Kapellenerker. Der zweite überhöht wirkende Bau besitzt unten eine Küche, darüber einen Raum (Saal oder Kammer?) mit Kamin und Abort und im obersten Geschoss einen Wohnraum.

Die zunehmende Differenzierung der Räume ist im Spätmittelalter jedoch auch bei „normalen" Burgen zu finden, wie der Wohnbau der Marksburg (Braubach/Rhein) verdeutlicht, der bisweilen auch als Saalbau bezeichnet wird. Er wurde im 14. Jahrhundert über die ältere Ringmauer hinaus an den Hang geschoben und 1434/35 umfassend erneuert. Zeitgleich war auch der alte romanische Wohnbau umgebaut worden, dessen Untergeschoss spä-

Marksburg (Rheinland-Pfalz), Stube mit Ofen, rechts Durchgang zur Kammer

Trostburg bei Waidbruck, Stube mit reicher Holzdecke und Ofen links der Tür

testens zu diesem Zeitpunkt zu einem Pferdestall umfunktioniert wurde, während man im Obergeschoss ein Appartement einbaute.

Es umfasst laut einem späteren Verzeichnis neben einer Gruppe von Wohnräumen auch eine Badestube, die jedoch vielleicht erst einem Umbau im 16. Jahrhundert entstammt. Der gotische Wohnbau enthielt im unteren Geschoss die neue Burgküche samt einer „Speisecammer", womit aber keine Vorratskammer, sondern ein repräsentatives Esszimmer gemeint ist. Das Obergeschoss besaß einen kleinen Saal, der auch als Schlafraum gedient haben könnte, und eine holzgetäfelte Stube, die im Widerspruch zur ursprünglichen Funktion heute als Schlafkammer eingerichtet ist. Mit ihrer differenzierten Raumverteilung geht die seit 1479 im Besitz der hessischen Landgrafen befindliche Marksburg weit über die meisten anderen Burgen im Mittelrheingebiet hinaus und ist ein wichtiges Beispiel für die Entwicklung der spätmittelalterlichen Raumnutzung im deutschsprachigen Raum.

In spätmittelalterlichen Quellen taucht zuweilen der Begriff „Kemenate" auf. Dieser vom Wort Kamin (lat. „caminus" bzw. „caminatus") abgeleitete Ausdruck bezeichnet einen beheizbaren Raum, bisweilen auch den Wohnbau einer Burg. Erst im 19. Jahrhundert wurde aus der Kemenate fälschlich der „Frauenbau", wohl weil man Frauen eine empfindlichere Konstitution unterstellte. Es gibt jedoch keine nach Geschlechtern getrennten Bauten oder aufgrund der Heizmöglichkeit bevorzugten „Frauenräume" in einer

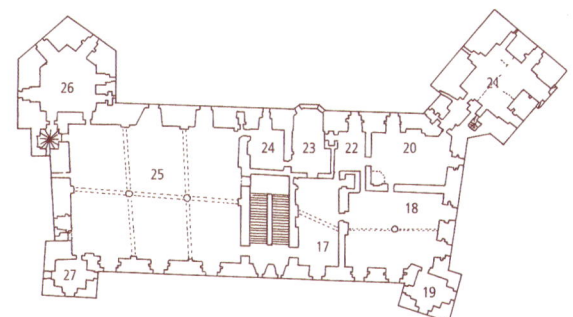

Ingolstadt (Oberbayern), Grundriss des 1. Obergeschosses im Neuen Schloss (um 1420 und um 1480)

Burg. Lediglich hochadelige Schlösser können für den Herren und seine Frau eigene Wohnappartements gehabt haben, beheizt waren selbstverständlich beide. In den meisten kleineren Burgen lebten die verschiedenen Geschlechter und Generationen in denselben Räumen zusammen. Die Räume waren üblicherweise multifunktional und wurden von jedem Burgbesitzer entsprechend seinen Bedürfnissen genutzt.

Aus Inventaren ist zu ersehen, dass es neben den alltäglichen Wohnräumen auch Räume mit speziellen Funktionen gab. Immer wieder erwähnt werden Badestuben, die oft im Erdgeschoss lagen, wo die Versorgung mit (heißem) Wasser und seine Entsorgung in den Burggraben am einfachsten zu bewerkstelligen waren. Aufgeführt werden gelegentlich die Wohnräume herausgehobenen Personals, etwa des Burgverwalters. Bei besonders begüterten Besitzern wird die Existenz einer Silberkammer oder „Lichtkammer" erwähnt, in der vor allem wertvolles Geschirr und „Tafelgerät", vor allem Bestecke, Pokale und Trinkgefäße sowie Leuchter, aufbewahrt wurden, wie etwa in der bischöflichen Burg in Trient im 15. Jahrhundert. In der

Regel beschränken sich die Burginventare auf Gebrauchsgeräte und einige wenige Möbel.

Erst aus dem 15. Jahrhundert sind genügend Schriftquellen vorhanden, die detailliertere Auskünfte über Raumfunktionen und Raumabfolgen geben. Eine gute Quelle sind Rauminventare, die meist im Zuge von Erbschaftsangelegenheiten angefertigt wurden. Sie enthalten in der Reihenfolge der Räume Verzeichnisse aller Möbel und Wertgegenstände. Dies ermöglicht wichtige Rückschlüsse auf die Funktion eines Bauwerks und der einzelnen Räume. So kann in Verbindung mit den Ergebnissen der Bauuntersuchung bei vielen Burgen erstmals die Struktur der Wohnräume besser nachvollzogen werden.

Das Ergebnis überrascht: Viele Wohnbauten waren nunmehr in Appartements untergliedert. Diese Raumabfolge, die als typisch für die Renaissance angesehen wird, besteht in der Regel aus zwei Räumen: einer ofenbeheizten Stube und einer Kammer, die entweder mit einem Kamin ausgestattet war oder unbeheizt blieb. In ihrer Nähe befand sich in der Regel ein Abort. Die Kammer diente als Schlafraum, die Stube als Aufenthalts- und Arbeitsraum. Je nach

Rang des Burgherren bzw. den Aufgaben der Burg konnte diese mit mehr oder weniger derartigen Appartements ausgestattet sein.

Eine größere Anzahl Appartements besitzen vor allem die landesherrlichen Burgen. So enthält der Hauptbau des Neuen Schlosses in Ingolstadt, das zwischen 1420 und 1480 errichtet wurde, auf der einen Seite des Treppenhauses Säle und auf der anderen Wohnappartements einschließlich einer Ratsstube. Auch das Schloss Meißen (1471–85) verfügt über eine voll entwickelte Appartementgliederung aus jeweils einer Stube und einer Kammer für die einzelnen Mitglieder der herzoglichen Familie. Dabei sind als Besonderheit zusammengehörende Räume gelegentlich auf zwei Stockwerke verteilt und durch eine Wendeltreppe verbunden.

Keller

Fast alle Burgen besitzen Keller. Sie haben, wie auch beim normalen Hausbau, grundsätzlich zwei Funktionen. Zum einen sorgt der Keller für einen Abstand der Wohngeschosse vom feuchten Erdreich und bewirkt dadurch ein angenehmeres

Ranis (Thüringen), Burg, Gewölbekeller des 15. Jh. mit vergrößertem Zugang

und wärmeres Wohnen. Zum anderen eignet er sich durch sein kühles und oft etwas feuchtes Klima zur beschränkten Lagerung von Lebensmitteln. Bei Burgen in Hanglage kommt als dritte Funktion der Ausgleich der starken Geländeunterschiede hinzu, wobei man mitunter den Keller ansonsten ungenutzt ließ. Der Keller unter dem Palas der Wartburg (um 1160) wies beispielsweise eine Vertiefung von mehreren Metern auf, die in der Bauzeit nicht aufgefüllt worden war. Man hat dort also nur Teile des Kellers genutzt und die übrigen Teile im Rohbauzustand belassen. Auch bei stark anwachsenden Felsenböden waren Keller nur bedingt nutzbar, wie der Keller unter dem Anfang des 13. Jahrhunderts errichteten Wohnbau von Burg Taufers (Ahrntal/Tirol) zeigt.

Viele Keller liegen mit einem Teil ihres Mauerwerks weit über der Erde, weil die Wohnhäuser der Hang- und Höhenburgen an die Hänge gebaut sind. Sie haben oft schmale Schießscharten ähnliche Öffnungen, bei denen es sich zumeist um Schlitzfenster handelt, die etwas Licht und Luft in den Keller eindringen lassen, zu viel Wärme aber verhindern sollen. Zu bedenken ist auch, dass nicht alle heutigen Kellerräume ursprünglich unter dem Bodenniveau lagen. Vielmehr ist mit dem „Anwachsen" des Terrains durch spätere Aufhöhungen des Hofniveaus bisweilen um mehrere Meter zu rechnen, vor allem im Flachland, wo man auf wachsende Hochwassergefahr reagierte. So waren einige Kellerräume der Burg Büdingen um 1200 Erdgeschossräume, darunter auch die Burgkapelle.

Eibensbach (Baden-Württemberg), Burg Blankenhorn, teils verschütteter ebenerdiger Keller des frühen 13. Jh. mit Balkendecke

Ungeachtet aller individuellen oder dem Terrain geschuldeten Ausprägungen, lässt sich auch beim mittelalterlichen Keller eine Entwicklung beobachten. Die frühen Kellerräume waren in der Regel flach gedeckt, d.h. durch eine Balkenlage vom nächsten Geschoss abgeschlossen. Dies ist bei vielen Burgruinen an den Balkenlöchern leicht zu erkennen; erhalten hat sich diese Deckenform noch auf der Wartburg. Erst im Laufe des 13. Jahrhunderts (z. B. Marburg, Saalbau, um 1295), vielfach sogar erst im 14. Jahrhundert wurde damit begonnen, die Keller mit Gewölben zu versehen und dabei auch ältere, flach gedeckte Keller umzubauen. Vermutlich hat dies die Kühlwirkung des Kellers und damit seine Lagerfunktion verbessert. Im 15. Jahrhundert sind Keller unabhängig von ihrer konkreten Aufgabe grund-sätzlich gewölbt und auch ältere Keller nachträglich eingewölbt, wie das Beispiel des „Palas" der Burg Weißensee (Thüringen, 12. Jahrhundert) zeigt.

In einer Zeit ohne Kühlschränke und Supermärkte war eine möglichst gute und lange Lagerung von Lebensmitteln überlebenswichtig. Keller dienten nicht nur zur Lagerung von Esswaren, sondern auch Getränken, vor allem Wein und Bier. Die Vorratskeller waren möglichst direkt von der Küche aus zugänglich. Empfindliche Lebensmittel wurden oft lose oder in Säcken verpackt auf Haken an die Decke gehängt und waren damit für Ratten und Mäuse unerreichbar. Was nicht frei aufgehängt werden konnte, wurde in Fässern und verschließbaren Steinkrügen aufbewahrt. Besonders das Holzfass war weit mehr als die

Truhe das wichtigste Aufbewah-
rungs- und Transportbehältnis für
Waren jeglicher Art.

Besondere Wohn- und Repräsentationsbauten

Wohnturm

Zu den interessantesten Phänomen
des mitteleuropäischen Burgenbaus
gehört der Wohnturm. Wie das Beispiel des Husterknupp zeigt, sind
turmartige Wohnbauten bereits bei
frühmittelalterlichen Burgen und
Motten verbreitet, kennzeichnen
aber ebenso den hoch- wie spätmittelalterlichen Burgenbau. Besteht bei
vielen kleineren Anlagen die Burg
praktisch nur aus einem umwehrten
Wohnturm, der die Funktionen von
Wohnhaus und Bergfried vereint, in
dem alle Wohnfunktionen über
mehrere Geschosse verteilt sind,
kann bei großen Anlagen der Wohnturm auch zusätzlich zu Wohnbau
und Bergfried auftreten.

Die Vielzahl der Erscheinungsformen hat dazu geführt, dass es in der
Burgenforschung bis heute keine
einheitliche Definition des Wohn-
turms gibt. Vielfach synonym werden die Begriffe „turmartiges Wohnhaus" oder „festes Haus" gebraucht,
die jedoch den Gebäudetyp mehr
umschreiben als übergreifend defi-
nieren. Am allgemeinsten und
gleichzeitig treffendsten erscheint
die Definition, die R. Schmitt ausge-
hend von seinen Untersuchungen zu
Sachsen-Anhalt (Schmitt 2002) vor-
geschlagen hat. Er bezeichnet den
Wohnturm als ein wehrhaftes Gebäude mit einem annähernd quadratischen Grundriss, dessen Höhe
die Seitenlänge übersteigt. Hinge-

gen werden alle rechteckigen Wohnbauten unabhängig von der Ge-
schosszahl „(steinerne) Wohnbauten" genannt.

Der Wohnturm ist auf der einen Seite gegenüber dem Wohnbau und auf
der anderen Seite gegenüber dem
Bergfried abzugrenzen. Der Wohnturm ist formal und funktional die
Schnittmenge von beiden, indem er
die Wehrhaftigkeit des Bergfrieds
mit der zivilen Nutzung des länger-
fristigen Wohnens vereint. Im Vergleich zum Bergfried besitzt er eine
größere Nutzfläche, d. h. im Ver-
hältnis zu seinen Außenmauern
mehr Innenraum. Die Funktion als
Wohnturm setzt voraus, dass der
Turm die wichtigsten Wohnräume,
also mindestens Aufenthaltsraum
(Stube) und Schlafkammer des Burgherren, enthält.

Die Untersuchungen zu Wohntürmen in Mitteleuropa sind bislang allerdings äußerst lückenhaft. So ist
kaum etwas über die mögliche Zahl
von Wohnappartements oder die
Anlage von Küchen bekannt, deren
Vorhandensein jedoch vorausgesetzt
werden kann. Ein wichtiges Unter-
scheidungskriterium von Wohnturm
und Bergfried ist das Vorhandensein von (zumeist mehreren) Heizmöglichkeiten und Aborten. Zwar
können auch Bergfriede mit einem
Kamin und einem Abort ausgestattet
sein, doch beschränken sich diese
„Bequemlichkeiten" auf den Raum
für die Turmwache, der grundsätzlich nicht für längerfristige Aufenthalte gedacht war. Wohntürme, die
zum dauerhaften Wohnen einer
ganzen Familie errichtet worden
sind, besitzen zumeist in jedem Geschoss eine Heizmöglichkeit und

Der Hauptturm der Eckartsburg (Sachsen-Anhalt, 12. Jh.) wird zwar als Wohnturm angesehen, hat aber nur einen kaminbeheizten kleinen Raum und unterscheidet sich kaum von einem Bergfried.

häufig auch einen Abtritt (Querfurt, Marterturm; Neuenburg, Wohnturm). Hinsichtlich der Erschließung gibt es keine grundsätzlichen Unterschiede zwischen Wohntürmen und Bergfrieden oder auch Wohnhäusern. So liegt der Eingang hier wie dort häufig im 1. Obergeschoss, allerdings gibt es auch Wohntürme mit ebenerdigem Eingang (z. B. Neuenburg bei Freyburg, um 1225). Die Verbindung zwischen den Geschossen erfolgte ähnlich wie bei Wohnhäusern entweder durch Mauertreppen oder durch hölzerne Innenstiegen. Anhand der genannten Kriterien lassen sich Wohntürme und Bergfriede meist klar unterscheiden. Es gibt jedoch auch Grenzfälle. So verfügt die

Kaiserpfalz in Wimpfen (Ende 12. Jahrhundert) an ihrer Ostseite über einen nahe der Ringmauer gelegenen spärlich durchfensterten Turm („Roter Turm"), dessen Mittelgeschoss mit einem besonders großen und prächtigen Kamin auffällt. Man hat hier einen in den Bergfried eingebauten Wohnraum des Königs vermutet, den dieser im Gefahrenfall als Rückzugsort benutzen konnte. Allerdings dienten Bergfriede grundsätzlich nicht als Rückzugsorte. Vermutlich ist die aufwendige Ausstattung darin begründet, dass der Turm Teil der Pfalzanlage war, die höhere Repräsentationsansprüche als eine normale Adelsburg zu erfüllen hatte.

Insgesamt sind Wohntürme im mitteleuropäischen Burgenbau im Vergleich zu den Wohnhäusern eine Randerscheinung. Allerdings kann vor allem bei den frühmittelalterlichen Anlagen aus den archäologisch ergrabenen Resten das Erscheinungsbild von Burg und Wohnturm nur annähernd rekonstruiert werden. Archäologen können aus der Dicke der erhaltenen Mauerreste auf die ungefähre Zahl und Höhe der Geschosse schließen und damit Wohntürme von anderen Wohnbauten abgrenzen. Hingegen bleibt die genaue Funktion und die innere Aufteilung der Bauten häufig Spekulation. So interpretiert die Archäologie einen quadratischen Grundriss mit größerer Innenfläche als einen Wohnturm, etwa bei der Burg Königsberg bei Bad Pyrmont (11. Jahrhundert; Heine in: Böhme 1991, S. 73). Dies gilt auch für den um 1230 (d) datierten Marterturm der Burg Querfurt (Sachsen-Anhalt), der allerdings von einigen Burgenforschern als Bergfried bezeichnet wurde. Zwar besitzt der Turm ebenfalls eine größere Innenfläche im Vergleich zur Mauerstärke und sogar zwei kaminbeheizte Räume übereinander, was für eine Wohnnutzung spricht, doch handelt es sich nicht um den Hauptwohnraum des Burgherren, der einen separaten Wohnbau besaß, sondern um vermutlich nur zeitweilig zu Wohnzwecken genutzte Räume.

Seite 99:
Harkerode, Burg Arnstein (Sachsen-Anhalt), 14. Jh., leicht querrechteckiger, turmartiger Wohnbau, der strengen Definition nach aber kein Wohnturm

Neipperg (Baden-Württemberg), Hauptturm der Burg, aufwendig ausgestatteter Bergfried mit romanischen Fenstern, Abort und Kamin, dennoch kaum zum dauernden Bewohnen geeignet

Zu den in Resten überlieferten Beispielen gehört der frühe Wohnturm
der Burg Schlössl bei Klingenmünster (11. Jahrhundert), von dem das
gesamte Sockelgeschoss erhalten ist.
Der Turm steht frei inmitten der
durch eine Ringmauer eingefassten
Burganlage und ist vom Grundriss
her das größte Bauwerk der Burg.
Dass man bereits in dieser Zeit Wert
auf Wohnkomfort legte, zeigt der an
den Turm angebaute Abort, von denen die Burg möglicherweise noch
weitere besaß. Ein weiteres frühes

Bischofshofen (Salzburg), bischöflich-bayerischer Wohnturm „Kastenhof" bei der Pfarrkirche

Beispiel ist der Wohnturm der Burg Dreieichenhain südlich von Frankfurt am Main (2. Hälfte 11. Jahrhundert). Keiner der erhaltenen deutschen Wohntürme reicht jedoch von der Größe an die westfranzösischen Wohntürme des frühen 11. Jahrhunderts heran. Zu den imposantesten Anlagen zählt hier der um 1000 errichtete Turm von Loches (Département Indre-et-Loire/Centre), der mit seinem querrechteckigen Grundriss einen Prototyp der in England und Frankreich verbreiteten herrschaftlichen Türme des 11. und 12. Jahrhunderts wurde. Diese Wohntürme umfassen neben Wohnräumen auch Säle, bisweilen auch spezielle Funktionsräume wie Küche, Kapelle oder Badestube. Sie werden

Burg Querfurt (Sachsen-Anhalt), Burghof mit Kapelle (rechts), dem barockisierten Wohnbau und dem „Marterturm", einem Wohnturm des 12. Jh.

Ingolstadt (Oberbayern), Neues Schloss, um 1420 und um 1480; der Wohnturm ist in den Grundriss des Schlosses einbezogen.

in Frankreich als „tour maîtresse" („Hauptturm") bezeichnet, der häufig synonym verwandte Begriff „Donjon" entspricht jedoch eher dem deutschen „Bergfried".

Wohntürme treten im deutschsprachigen Raum vor allem im Früh- und Hochmittelalter auf. Im späten Mittelalter besitzen zwar viele Burgen Wohnbauten mit mehreren Geschossen, doch handelt es sich vorwiegend um längsrechteckige, überhöhte Wohnhäuser, nicht um Wohntürme. In Süddeutschland kommen Burgen mit solchen Wohnbauten als Kern einer kleinen Burganlage mit weiteren Gebäuden vor (z. B. Stockenfels bei Regensburg, 14. Jahrhundert). Einige dieser Bauten können bis zu vier oder fünf Geschosse umfassen, in denen alle notwendigen Funktionen enthalten sind, für die es häufig keine weiteren Gebäude innerhalb der Kernburg gibt, allerdings besitzen sie keine Wehrfunktion. Beispiele für solche im späten 14. oder 15. Jahr-

hundert errichteten hohen Wohnbauten finden sich vor allem in Norddeutschland, etwa die Marienburg bei Hildesheim, die Burg Lichtenau und die Weserburgen Fürstenberg, Beverungen und Marienmünster. Mehrere Renaissanceschlösser (z. B. Detmold sowie Schloss Neuhaus, beide 2. Viertel 16. Jahrhundert) enthalten im Kern ein solches spätmittelalterliches Gebäude, das jedoch im Laufe des 17. und 18. Jahrhunderts verkleinert wurde, um es durch Abbrechen des oberen Geschosses der Höhe der Renaissancegebäude anzupassen. Das Renaissanceschloss Detmold gehört zudem zu den Beispielen mit erhaltenem mittelalterlichen Bergfried.

Eine Sonderform bilden die turmartig überhöht wirkenden Wohnbauten einiger Ganerbenburgen, z. B. Burg Eltz. Ein besonders prägnantes Beispiel ist die Burg Montfort (Rheinland-Pfalz), bei der ein Dutzend weitgehend aus dem 14. Jahrhundert stammender Häuser an der Ringmauer dicht nebeneinander steht. Alle Häuser haben zumeist drei Geschosse, die jeweils alle notwendigen Funktionen eines Wohnhauses enthalten. Die meisten dieser Bauten haben einen annähernd quadratischen Grundriss und sind höher als breit, so dass hier die Bezeichnung Wohnturm angemessen ist.

Palas

Die Bezeichnung „Palas" ist weit verbreitet und wird häufig pauschal für jeden mehrgeschossigen Wohnbau einer Burg benutzt. Ähnlich wie beim Wohnturm gibt es auch für den Palas keine allgemein verbindliche Definition. Im Gegensatz zum Wohnturm handelt es sich um einen historischen Begriff. Das althochdeutsche Wort „palas" (11. Jahrhundert) ist vom la-

teinischen „palatium" („Palast") bzw. dem französischen „palais" abgeleitet, welche wiederum auf den Palatin in Rom als Sitz des römischen Kaisers zurückgehen. Als Fachbegriff der Burgenkunde wurde das Wort Palas erst im Laufe des 19. Jahrhunderts populär. Nach der älteren Definition des Grimm'schen Wörterbuchs ist darunter ein „größeres Gebäude mit einem Hauptgemach, das zum Empfang für Gäste, zu festlicher Versammlung und besonders als Speisesaal dient" oder aber ein fürstliches Wohngebäude zu verstehen (Grimm, Wörterbuch, Bd. 7, 1889). Heute wird die Bezeichnung auf Wohnbauten großer landesherrlicher Burgen des 11. bis frühen 13. Jahrhunderts beschränkt, die neben den eigentlichen Wohnräumen über einen besonders großen Saal verfügen.

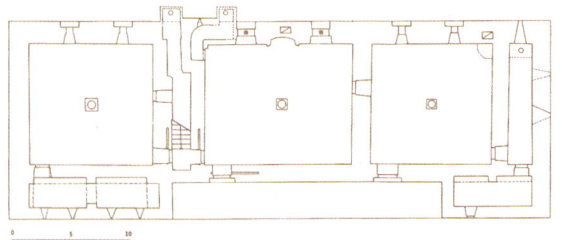

Wartburg (Thüringen), Grundriss des Palas, 1. Obergeschoss, Rekonstruktion (E. Altwasser / G. Strickhausen, IBD Marburg)

Wartburg (Thüringen), Hofseite des Palas, 1157/62, oberes Geschoss wenig jünger

Goslar (Niedersachsen), Kaiserpfalz mit dem Saalbau in der Mitte, dem Wohnflügel rechts und der Doppelkapelle links

Es sind daher vor allem königliche und landesherrliche Burgen sowie Pfalzen, die über einen Palas verfügen. Zu den prominentesten erhalten Beispielen zählen die Palasse der Burg Tirol, der Wartburg und der Pfalz Gelnhausen, die alle zwischen dem 11. und frühen 13. Jahrhundert errichtet wurden. Sie verfügen jeweils über zwei oder drei Geschosse, wobei sich im obersten Geschoss ein großer Saal befand. In den Geschossen darunter waren kleinere Säle, kaminbeheizte Wohn- und Schlafräume, gegebenenfalls auch eine Küche untergebracht. Viele Palasse besaßen eine Kapelle oder einen Kapellenanbau. Die Raumfolge ist sehr unterschiedlich, in einigen Fällen, etwa Burg Tirol oder Weißensee/Thüringen, sind die Grenzen zum Saalbau fließend.

Zu einem Inbegriff wurde im 19. Jahrhundert vor allem der in der zweiten Hälfte des 12. Jahrhunderts errichtete Palas der Wartburg. Er besteht aus drei Hauptgeschossen, die sich über einem durch die Hanglage bedingten Kellergeschoss erheben. Erdgeschoss und 1. Obergeschoss besitzen einen ähnlichen Grundriss, bei dem jeweils die seitlichen Räume die gesamte Gebäudetiefe einnehmen, während die mittleren Räume schmaler sind und zum Hof hin Platz

für einen schmalen vorgelagerten Gang lassen, der mit seinen offenen Arkaden dem Bauwerk ein repräsentatives Aussehen verleiht. Das 2. Obergeschoss wird von einem Saal eingenommen, dem ebenfalls auf ganzer Länge ein Gang vorgelagert ist, der sowohl zur Fassade als auch zum Saal hin mit kleinen Arkaden versehen ist. Das unterste Geschoss enthält drei annähernd quadratische Räume, der mittlere etwas breiter, sowie drei kleine Kämmerchen an der Hofseite und vor dem Mittelteil der Fassade eine dreiteilige Arkadenfront. Alle drei Räume sind mit Aborten versehen, der mittlere Raum hat einen Kamin und ist als kleiner Saal hervorgehoben. Die Raumfunktion ist im einzelnen nicht geklärt, doch zeigt sich eine komplizierte und äußerst differenzierte Anordnung der Räume.

Eine Mauertreppe führt in den „Sängersaal" im 1. Obergeschoss, dessen Bezeichnung und Ausstattung allerdings aus der Mitte des 19. Jahrhunderts stammen, als die Wartburg zu einem Zentrum der Mittelalterbegeisterung und zum Symbolort der Nationalbewegung in Deutschland wurde; die Restaurierung der Burg nahm damals Hugo von Ritgen (1811–1889) vor, die Ausmalung Moritz von Schwind (1804–1871). Der von

zwei quadratischen Räumen einge-
fasste Raum ist als herrschaftlicher
Saal anzusehen. Er war in einer ersten Bauphase als Hauptsaal geplant,
doch entschied man sich wenig später zur Aufstockung des Bauwerks
zugunsten des großen Saales im 2.
Obergeschoss. Das 1. Obergeschoss
besitzt eine Kapelle, die erst durch
einen nachträglichen Umbau einer
Kammer neben dem Saal entstanden
ist. Die ursprüngliche Burgkapelle
lag in einem separaten Gebäude.

Die Entstehung des Palas der Wartburg war in der Forschung lange
umstritten. Mit Hilfe dendrochro-
nologischer Analysen gelang die Al-
tersbestimmung der Balkenlagen
über den unteren Geschossen in die
Jahre 1157–1162. Ungesichert ist
weiterhin der Zeitpunkt der Aufstockung des 2. Obergeschosses, die
allenfalls wenige Jahre später erfolgte. Bislang nicht geklärt werden
konnte auch die Frage des ursprüng-

*Tirol (Südtirol), Burg, Portal vom Saal zur
Kapelle, Mitte 12. Jh.*

lichen Zugangs zum Palas, denn alle erhaltenen Türen sind jüngeren
Datums. Allerdings haben die Res-
taurierungen der letzten 150 Jahre
viele Spuren beseitigt. Anhaltspunkte gibt es allein zur inneren Erschließung, die zwischen dem Keller
und den beiden unteren Geschossen
über Treppen innerhalb der dicken
Trennmauern erfolgte. Hingegen
fehlt eine solche Innentreppe zum
großen Saal im obersten Geschoss,
der daher wohl ursprünglich von
außen erschlossen war, sei es über
ein Nebengebäude, sei es über eine
Freitreppe. Der Palas nimmt eine
Längsseite der Burg ein und seine
Fensterarkaden sind vom Aufgang
zur Burg als repräsentative Bauteile
wahrzunehmen.

Als repräsentatives Herrschaftsge-
bäude ist der Palas fast immer Bestandteil von Pfalzen. Eine Vorstellung eines hochmittelalterlichen
Pfalz-Palas vermitteln die erhaltenen Beispiele in den Kaiserpfalzen
Gelnhausen (um 1160/70) und
Wimpfen (vermutlich um 1200). Beide Bauwerke besaßen neben einem
Saalgeschoss weitere Geschosse mit
kleinteiligeren Grundrissen, die unterschiedliche Wohnräumen umfass-
ten.

Im Gegensatz dazu enthält der stau-
fische „Palas" der Nürnberger Kaiserpfalz (um 1215, weitgehend erneuert um 1295) zwei übereinander
gelegene Säle mit einer Verbindung
zur östlich angeschlossenen Doppelkapelle, die Wohnräume waren in
zwei an der Westseite angefügten
Gebäuden untergebracht. Ein ähnlicher Fall ist die Burg Tirol. Auch hier
besitzt der „Palas" (um 1138 d) zwei
Geschosse mit jeweils einem großen

Marienburg (Westpreußen), Remter im Hochmeisterpalast, 1. Hälfte 14. Jh.

Saal, der mit dem Hauptraum der Burgkapelle bzw. ihrer Empore verbunden war. Die Wohnräume waren jedoch ähnlich wie in Nürnberg in einem Seitenflügel angesiedelt. Im strengen Sinne der Definition handelt es sich also um einen herrschaftlichen Saalbau.

Die für den Palas typische repräsentative Verbindung von Wohn- und Saalbau kommt auch im Spätmittelalter vor. Ein prominentes Beispiel ist die Marienburg, wo um 1380/90 in der so genannten Mittelburg der „Hochmeisterpalast" entstand, der die Residenz des Vorstehers des Deutschen Ordens („Hochmeister") bildete. Der außerordentlich kompliziert angelegte Bau beherbergte neben den Wohnräumen des Hochmeisters im Hauptgeschoss zwei quadratische Säle, der kaminbeheizte Sommer- und der hypokaustenbeheizte Winterremter. Die Bezeichnung „Remter" meint eigentlich einen klösterlichen Speiseraum

Lenzburg (Aargau), Saalbau aus dem 14. Jh.

(Remter = Refektorium), doch tatsächlich handelt es sich um die Hauptsäle des Hochmeisters, denen noch mehrere Empfangsräume vorgelagert waren.

Saalbau

Unter einem Saalbau versteht man ein Gebäude, das ausschließlich aus einem oder mehreren Sälen besteht, an die zugehörige Nebenräume, nicht aber Wohnräume wie Stube oder Schlafkammer angeschlossen sein können. Ebenso wie der Palas sind reine Saalbauten in Mitteleuropa selten anzutreffen. Die frühesten Beispiele sind im heutigen Frankreich nachgewiesen (Caen, Anfang 12. Jahrhundert), spätere Saalbauten finden sich in Montargis (13. Jahrhundert) oder in Blois (14. Jahrhundert). Ein prominentes niederländisches Beispiel ist der Saalbau im Binnenhof in Den Haag (13. Jahrhundert).

Im Gebiet des Deutschen Reiches vermischen sich häufig Palas und Saalbau. So wird der Saalbau einer Königspfalz oder landesherrlichen Burg heute vielfach als „Palas" bezeichnet, wie die Beispiele der Nürnberger Burg und von Burg Tirol gezeigt haben. In beiden Fällen besitzen die Gebäude zwei übereinanderliegende Säle, an die eine Doppelkapelle angeschlossen war, während die Wohnräume in angrenzenden Flügeln untergebracht waren.

Ein etwas weniger bekanntes, aber nicht minder interessantes Beispiel eines Saalbaus, der vielfach als „Palas" bezeichnet wird, hat sich in der thüringischen Landgrafenburg Weißensee (2. Hälfte 12. Jahrhundert, „Runneburg") erhalten. Der große Saal im 1. Obergeschoss war zunächst nur durch eine schmale Mauertreppe im angrenzenden Bergfried sowie eine Freitreppe zugänglich, erst um 1225 erhielt er eine breite geradläufige Treppe in einem neuen Treppenhaus. Für die Wohnnutzung scheint es ein anderes Gebäude gegeben zu haben, von dem man sogar eine Warmluftheizung ausgegraben hat.

Ein eindeutiger Saalbau wurde um 1290/95 in der Marburger Burg errichtet. Er ist über die hochmittelalterliche Ringmauer in den früheren Burggraben hinausgeschoben. Ein hohes Sockelgeschoss überbrückt die Höhendifferenz zum Innenhof, darüber befinden sich zwei hohe Geschosse. Außen ist der Bau durch Treppengiebel, Ecktürmchen und einen Risalit an der dem Tal zugewandten Seite hervorgehoben. Im unteren Geschoss befinden sich zwei

Marburg (Hessen), Saalbau des Schlosses, um 1295, Nordfassade

Marburg (Hessen), Schloss, Großer Saal im Saalbau, um 1295

Säle, die die gesamte Grundfläche einnehmen, die im oberen Geschoss ein einziger Saal ausfüllt. Dieser große Saal wird durch Achteckpfeiler gegliedert und ist mit Kreuzrippengewölben versehen, große Maßwerkfenster sorgen für eine umfassende Beleuchtung.

Der Risalit bildet im Innern eine große Nische aus, welche lange als Thronnische gedeutet wurde. Hingegen erwähnt das erste, um 1310/15 erstellte Inventar der Burgausstattung hier die „Buttelei", worunter ein Schanktisch (Büfett) für Festlichkeiten zu verstehen ist, welche demnach im Saal veranstaltet wurden. Der Saal verfügt über mehrere Eingänge, die es u. a. dem Landgrafen erlaubten, getrennt von den Gästen und Bediensteten den Raum zu betreten. Der Saalbau befand sich zwischen dem Wohnbau des Landgrafen an der einen und dem Küchenbau an der anderen Seite. Es ist daher anzunehmen, dass der große Saal als festlicher Speiseraum für größere Gesellschaften genutzt wur-de, während in den kleineren Sälen im unteren Geschoss Versammlungen und Bankette mit weniger Teilnehmern stattfanden.

Funktionsbauten in der Kernburg

Küche und Küchenbau

Jede Burg besaß eine Küche oder zumindest eine Kochstelle. Allerdings gleicht kaum eine Burgküche der anderen. Neben entwicklungsbedingten Unterschieden spielen die Größe und Lage einer Burg eine wichtige Rolle, aber auch die soziale Stellung des Burgherrn und die Funktion der Burg hatten Einfluss auf das Aussehen der Küchen.

Bei einer „normalen" Adelsburg befindet sich die Küche in der Regel innerhalb des Wohnbaues und nahe den Räumen, in denen gegessen wird. Erst im Spätmittelalter und zu Beginn der Neuzeit wurde vermutlich aus Gründen der Brandgefahr die Küche in einen eigenen Bau („Küchenbau") ausgegliedert. In der

Burg Runkelstein bei Bozen geschah dies im Zuge umfangreicher Restaurierungs- und Erweiterungsmaßnahmen um 1390, ähnliches kann bei der Heldburg im 15. bzw. 16. Jahrhundert vermutet werden.

Die frühen Burgen hatten Küchen mit ebenerdigen Herdplätzen. Auf einem Pflaster- oder einem gestampften Lehmboden konnte das offene Feuer entfacht werden, in das man Kochgefäße stellte oder an einem Haken über dem Feuer aufhängte. Die Archäologie hat diese Herdform

Neckarmühlbach (Baden-Württemberg), Burg Guttenberg, Burgküche des 16. Jh. mit gemauerten Bogen zur Einfassung des Rauchfangs

gleichermaßen in Bauernhäusern des 8. bis 12. Jahrhunderts ermittelt. Beispiele reichen von der 1. Phase des Husterknupp (10. Jahrhundert, s. a. Zippelius in: Herrnbrodt 1958) bis zum Bauernhaus Moven in Bruchhausen (Kreis Höxter) aus dem 11./12. Jahrhundert. Ein hölzerner Funkenschirm über dem Feuer genügte zur Sicherung. Frühzeitig wurden Kochgefäße aus Metall oder Keramik entwickelt, die keinen flachen Boden hatten, sondern unten rund waren ("Kugeltopf"). Ein solcher Topf lässt sich in die Glut hineinstellen. Um später auf den Tisch gestellt zu werden, muss er auf ein Untergestell gesetzt werden. Man hat aber auch Kugeltöpfe mit kleinen Füßchen entwickelt ("Grapen"), die man nach dem Kochen direkt auf den Tisch bzw. eine ebene Unterlage stellen konnte.

Im Spätmittelalter errichtete man durch ein Pflaster leicht erhabene Herdplätze (Weilburg, noch um 1535), ab dem 15. und besonders im 16. Jahrhundert sind auch hochgemauerte Herde nachgewiesen, die

Reifenstein (Südtirol), Burgküche aus dem 15. Jh.

*Monatsbild Dezember mit Darstellung einer Küche, Gemälde von Hans Wertinger
(Germanisches Nationalmuseum, Nürnberg)*

das Kochen wesentlich erleichterten (Guttenberg). Üblich blieb jedoch das Zubereiten der Speisen am offenen Feuer, in das man Kochtöpfe setzen bzw. darüberhängen konnte. Auch ließen sich Pfannen und Töpfe, gegebenenfalls sogar ganze Fleischteile, auf Rosten und Spießen an die Glut heranschieben.

Aus dem 15. und 16. Jahrhundert sind Herdplätze erhalten, über denen auf weiten Arkaden ein großer Rauchabzug ruht. Sie wurden im 19. Jahrhundert gelegentlich als „Ochsenbraterei" bezeichnet, doch dürfte ein solcher Gebrauch eher die Ausnahme gewesen sein. In größeren Burgen und hochadeligen Höfen bedurfte es eines großen Herdes, um die unterschiedlichen Gerichte und Gänge für die Vielzahl der zu versorgenden Personen gleichzeitig zu-

bereiten zu können. Dies dürfte auch der Grund für die Entstehung des spätmittelalterlichen „Ochsenschlots" auf der Cadolzburg (Landkreis Fürth, 16. Jahrhundert) gewesen sein, bei dem es sich aber nur um den Rest des einstigen Küchenbaues handelt. Er ist ein Anbau an einen bestehenden Wohnbau und ersetzte bzw. ergänzte wohl aufgrund gestiegener Wohnansprüche die bestehende kleine Burgküche.

Neben den zeitlichen Unterschieden dürfte es auch regionale Unterschiede in der Küchentechnik gegeben haben, die zum Teil mit unterschiedlichen Ernährungsgewohnheiten zusammenhängen. Während die Küchenformen im Bauernhaus durch die Volkskunde vergleichsweise gut erforscht sind, steckt die Burgenforschung vor allem im deutschsprachigen Bereich hier noch in den Anfängen. Dies betrifft vor allem die Küchen des Früh- und Hochmittelalters, zu denen es meist nur archäologische Befunde gibt, während aus dem späten Mittelalter und dem 16. Jahrhundert etliche Burgküchen erhalten sind, die ein differenzierteres Bild ermöglichen. Vor dem 16. Jahrhundert war zunächst die Küche mit dem ebenerdigen Herdplatz üblich, wie dies in der Küche der Burg Rappottenstein (Niederösterreich) auch nach ihrem Umbau im 16. Jahrhundert erhalten blieb.

Offenbar besaßen viele spätmittelalterliche Küche einen Funkenschirm auf kräftigen Pfeilern, Säulen oder Holzstützen, welche den fast ebenerdigen Herdplatz einfassten. Beispiele für diesen vornehmlich im 15. und 16. Jahrhundert verbreiteten Küchentyp sind in Marburg (Herrenhaus des Deutschen Ordens, 15. Jahrhundert), der Marksburg (Braubach), Burg Eltz und Weilburg (16. Jahrhundert) nachzuweisen, ein später Nachzügler findet sich in Schloss Hadamar (Anfang 17. Jahrhundert). Ein weiteres Merkmal spätmittelalterlicher Küchen ist der oft gemauerte Rauchabzug. Er ermöglicht die Befestigung eines Drehgestells zum Braten bzw. Grillen von größeren Fleischteilen bis hin zu ganzen Spanferkeln und in Ausnahmefällen auch Ochsen. Der Rauchfang besaß auch beim Zubereiten der normalen Speisen den Vorteil, dass sich an ihm ein Haken für den Kochtopf befestigen ließ, der nun an einem Henkel über dem Feuer aufgehängt werden konnte. In niederdeutschen Bauernhäusern wurde diese Technik noch bis ins 19. Jahrhundert angewandt.

Brunnen und Zisterne

Auf Burgen war die Wasserversorgung eine Überlebensfrage. Um vor allem auf Höhenburgen an Trinkwasser zu kommen, war eine ausgeklügelte Brunnen- und Zisternentechnik nötig, die im Laufe des Mittelalters zu einigen erstaunlichen Erfindungen geführt hat.

Die direkteste Möglichkeit der Wasserversorgung war ein Brunnen mit Zugang zum Grundwasser. Dies war in der Regel jedoch nur bei Talburgen möglich. Bei Hang- und Höhenburgen musste man Zisternen bauen, in welchen das Regenwasser gesammelt und gespeichert wurde. Gelegentlich hat man auch Fernleitungen aus Holz, seltener aus Naturstein, Ton oder Blei angelegt, um Wasser über mehrere hundert Meter oder, wie bei der Wartburg, gar Kilometer heranzuholen. Allerdings waren sol-

Rappottenstein (Niederösterreich), Burgküche mit ebenerdigem Feuerplatz

Reifenstein (Südtirol), Burghof mit Zisterne

oben rechts: Tarasp (Graubünden)

La Roche en Ardenne (Luxemburg), in den Burghof eingetiefte Tankzisterne aus dem 16. Jh.

che Leitungen anfällig gegen Schäden, und es bestand die Gefahr, dass sie bei Belagerungen gekappt wurden. Daher sammelte man auch das Fernleitungswasser in der Regel in Zisternen, um immer über einen ausreichenden Vorrat zu verfügen.

Der Normalfall war das Sammeln von Regenwasser in einer Zisterne, in der das Wasser gleichzeitig gefiltert werden konnte. Zum Wassersammeln gab es mehrere Möglichkeiten. Eine verbreitete Methode war das Auffangen von Regenwasser von den Dächern. Zu diesem Zweck waren die Dächer niedrigerer Gebäude zum Burghof geneigt, wo Rinnen das Wasser sammelten. Dieses konnte wie in der Wartburg in den Filterring der Zisterne geleitet werden, von wo aus das Wasser gereinigt in das Auffangbecken gelangte. Als Filter diente ein tiefes Kiesbett, das einen zentralen Schacht einfasste, der gelegentlich mit einem gewölbten Sam-

melbecken verbunden war (Burg Gleichen/Thüringen, 12./13. Jahrhundert). Ein solcher gewölbter „Tank" konnte aber auch die Schöpfstelle sein, also ohne einen Filter auskommen (La Roche en Ardenne, Luxemburg). Eine andere Methode veranschaulicht die Burg Runkelstein, wo das Wasser direkt vom Dach durch Rinnen in die Zisterne geleitet wurde. Diese befand sich in der Regel an einer tiefer gelegenen Stelle des Burghofs. Vielfach ist die Küche in der Nähe der Zisterne angeordnet. Zum Wasserholen bediente man sich einer Schöpföffnung, wie sie sich auch bei Brunnen findet. Noch 1732 wurde die Zisterne von Grund auf erneuert und vergrößert.

Brunnen waren der Regelfall der Wasserversorgung in der Ebene. Der Brunnenschacht wurde durch einen meist gemauerten, gelegentlich auch einen hölzernen Ring eingefasst. Über der Öffnung war zumeist eine Haspel mit einem Seil für den Wassereimer angebracht. Daneben existierte auch die Möglichkeit, das Wasser mit Hilfe eines langen hölzernen Hebelarmes zu schöpfen. Beide Varianten sind schon früh in Buchminiaturen oder Wandmalereien dargestellt worden. Der Brunnenschacht war zum Schutz vor Verunreinigung grundsätzlich überdacht. Im Vergleich zu den Hofbrunnen sind in Bauwerke integrierte Brunnenschächte selten, eine Ausnahme findet sich etwa in Rochester (England, 12. Jahrhundert). Ab dem 15. Jahrhundert war man technisch in der Lage, Tief-

brunnen zu bohren und somit auch Höhenburgen mit Frischwasser zu versorgen. Die ältere Forschung hat dies bereits für die Zeit um 1200 behauptet – angeblich in Dover (um 1180/90) sowie am Trifels (um 1220/30) –, doch nimmt die Bergbau-Technikforschung solche Tiefen erst ab dem späteren 13. Jahrhundert, überwiegend jedoch erst für das 15. Jahrhundert an.

Entscheidend war, auf engstem Raum so viel Licht zu schaffen, dass der Brunnenbauer arbeiten konnte, ohne dass die Fackeln zur Beleuchtung seinen Sauerstoff lebensbedrohend verbrauchten. Hierzu machte man sich die in Zusammenhang mit dem Bergbau entwickelte Technik der Bewetterung (Belüftung) zunutze, vor allem die Technik durch große Blasebalge mit längerer Luftführung in den Schacht hinein, wie Georg Agricola sie 1556 in seinem Bergwerksbuch beschrieb. Die so entstandenen Schächte konnten mehrere Dutzend Meter tief sein, wie die Brunnen der Ronneburg (Hessen), der Veste Otzberg (Südhessen) oder der Burg Königstein (Sachsen) zeigen. Die Anlage eines solchen Brunnenschachtes war allerdings sehr aufwendig und konnte mehrere Jahre beanspruchen. Wurde der Brunnen nicht in den Felsen gehauen, musste er ausgemauert werden. Weit unten erhielt das Brunnengewände häufig eine Nische in Manneshöhe, um von dort aus Reinigungsarbeiten zu ermöglichen.

Ungewöhnlich sind Brunnen, die außerhalb der Burgmauern liegen und nur über Brücken zu erreichen sind. Ein solcher ist der wahr-

Schöpfrad des Burgbrunnens von Dringenberg (Westfalen), 16. Jh., zuletzt 1835 erneuert

Trifels (Rheinland-Pfalz), Schöpfturm einer Wasserstelle vor der Burg, eventuell 13. Jh.

scheinlich um 1230 entstandene Schöpfturm am Trifels bei Annweiler. Allerdings erschließt er heute einen mit 80 m erstaunlich tiefen Brunnenschacht, der bislang noch nicht ausreichend erforscht ist. Es erscheint mit Blick auf die Bergbautechnik unwahrscheinlich, dass ein solcher Turm bereits im 13. Jahrhundert geschaffen werden konnte. Möglicherweise bediente der Turm in Trifels daher nur eine Zisterne, die man später zu einem Brunnen erweitert hat. Hingegen dürfte der zur Bischofsburg Marienwerder (um 1300, Westpreußen) gehörende Turm von Anfang an einen Brunnen erschlossen haben. Einen vor der Kernburg liegenden Brunnen be-

sitzt innerhalb eines aufwendigen Brunnenhauses auch die Heldburg (1555).

Abort und Abwasser

Ebenso wie die Versorgung war die Entsorgung ein Grundproblem auf Burgen. In der Regel erfolgte die Entsorgung in den Burggraben. Aborte, Badestuben und Küchenspülen waren daher möglichst direkt über dem Burggraben platziert. Auch im Mittelalter legte man Wert auf größtmögliche Hygiene und Komfort. Selbst kleine Burgen besitzen daher meist mehrere Aborte, die vor allem in den Wohnbauten und hier bevorzugt in der Nähe der Schlafkammern und täglichen Aufenthaltsräume lagen, bei Saalbauten auch an den Seiten der Säle. Aus der Anlage der Latrinen lässt sich daher häufig auf die Funktion von Gebäuden und Räumen schließen. Vor allem in größeren Anlagen konnten auch Bergfriede mit einer Latrine für das Wachpersonal ausgestattet sein.

Frühmittelalterliche Abortanlagen auf Burgen sind kaum überliefert, doch vermitteln Klöster eine gute Vorstellung vom Aussehen früher Latrinen. Der um 820 vermutlich auf der Reichenau entstandene so genannte St. Galler Klosterplan weist nahe dem Schlaftrakt der Mönche einen separaten Abortbau auf, der vermutlich über einem Wassergraben lag und durch einen gewinkelten Gang zugänglich war. So entwickelte Abortbauten sind im Burgenbau erstmals Ende des 12. Jahrhunderts an der syrischen Kreuzfahrerburg Crac des Chevaliers nachzuweisen, wo aufgrund der zahlreichen Burgbesatzung eine entsprechende Anlage notwendig wurde. Etwas spätere Beispiele aus dem mitteleuropäischen Raum sind der „Danzker" an der Burg des Bischofs von Pomesanien in Marienwerder (Westpreußen, 2. Viertel 14. Jahrhundert)

Rheda (Westfalen), Torturm, Fallschacht des Aborts, um 1220/30

und der Abortturm an der Klausur des Hochschlosses der Marienburg (um 1300). In beiden Fällen sind die Türme in das Flusstal vorgeschoben, ein Gang verhinderte wie beim St. Galler Idealplan die Geruchsbelästigung des Wohntraktes.

Neben den nach außen vorkragenden Türmen bestand die Möglichkeit, Abortschächte innerhalb des Mauerwerks einzubauen. Ein solcher Schacht aus der Zeit um 960 (d) hat sich beim „Plantaturm" des Klosters Müstair (Graubünden) erhalten, einem Herrensitz innerhalb des Klosterareals in unmittelbarer Nachbarschaft zur Klosterkirche. Ein weiteres frühes Beispiel ist das Schlössl bei Klingenmünster (11. Jahrhundert), das einen Abortturm als Anbau des Wohnturmes besaß.

Gegenüber diesen bereits recht ausgereiften und komfortablen Abortbauten wirken die Aborterker der meisten Burgen recht einfach. Sie stellen den Regelfall der Entsorgung menschlicher Notdurft dar und finden sich an den Außenseiten der Wohnbauten und der Türme, so dass die Abwässer nicht den Innenhof der Burg beeinträchtigten. Aborterker wurden vor allem dort angebracht, wo die Mauerstärke zur Unterbringung eines vollständigen Abtritts nicht ausreichte. Bei dickerem Mauerwerk hat man statt eines Erkers auch eine Abortnische eingebaut und die Abwässer durch einen Schacht nach unten geleitet (Rheda/Westfalen, Wohngeschoss im Kapellen-Torturm, um 1220/30). Allerdings können auch dickwandige Gebäude Erker besitzen, wie vor allem Wasserburgen zeigen, wo der Erker in jedem Fall die einfachste Metho-

Marienwerder (Westpreußen). Weit ins Tal der Nogat ist der Danzker vorgeschoben (Richtung Danzig, daher die verballhornte Bezeichnung), um der Bischofsburg eine komfortable – geruchsfreie – Entwässerung zu bieten, 14. Jh.

de der Entsorgung war. Zur Verteidigung im Sinne von Wurferkern wurden Aborterker nicht genutzt.

Bei großen Anlagen mit einer vielköpfigen Besatzung konnte in Einzelfällen auch die Unterbringung von Aborten im Burginneren erforderlich sein. In diesen Fällen hat man die Abwässer über Kanäle nach außen geleitet (z. B. Crac des Chevaliers). Eine andere Möglichkeit war die Entsorgung in Kloaken, d. h. gemauerten oder gezimmerten Schächten, die in die Erde eingelassen waren und eine regelmäßige Entleerung erforderten; Beispiele dafür sind aber vor allem durch die Stadtarchäologie ermittelt worden (Lübeck, Braunschweig, Göttingen, Freiburg im Breisgau). Kloaken sind besonders aus dem mittelalterlichen Städtebau bekannt. Wichtig war bei der Anlage von Kloaken ein genügender Abstand zum Brunnen, was nicht immer beachtet wurde und zur Verunreinigung des Frischwassers führen konnte.

Badestube

Eng mit den Themen Wasserversorgung und Hygiene verbunden ist die Badestube. Sie gehört zwar nicht zur Standardausstattung einer Burg, war aber vor allem seit dem späten Mittelalter zunehmend verbreitet. Das Baden war ein Bestandteil des mittelalterlichen Lebens. Es diente zugleich der Körperpflege und der Geselligkeit. Die städtischen Badehäuser waren halböffentliche Orte, an denen auch gegessen, getrunken und sich unterhalten wurde, wobei die Grenzen zum Freudenhaus mitunter recht fließend waren. Neben den Badehäusern besaßen wohlhabende Bürger und Adlige auch private Bäder oder Badelauben, wie sie Albrecht Dürer in seinem Holzschnitt des „Männerbad" (um 1496) zeigt. Es ist anzunehmen, dass auch die Badestuben auf Burgen nicht primär für das einsame Badevergnügen eingerichtet worden waren, sondern auch geselligen Baderunden der Herrschaftsfamilie und ihren Gästen zur Verfügung standen.

Die Voraussetzungen für die Einrichtung einer Badestube waren die leichte Zugänglichkeit zum Wasser, das Vorhandensein einer offenen Feuerstelle sowie eines Ofens. Badestuben befinden sich daher häufig im Erdgeschoss oder bei Hangburgen im Souterrain. Archäologische Untersuchungen haben bereits am „Schlössl" in Klingenmünster (11. Jahrhundert), einen als Badestube genutzten kleinen Bau ermittelt, der zu den frühesten nachgewiesenen Badestuben im mitteleuropäischen Burgenbau gehört.

Bade- und Heizräume liegen meist unmittelbar nebeneinander und bilden eine kleine Raumgruppe aus einem Heizraum für das Wasser, der zugleich als kleine Nebenküche nutzbar war, der ofenbeheizten Badestube und einer mit einem Kamin beheizbaren Kammer neben der Badestube. Eine derartige aus mehreren Räumen bestehende und aufwendig ausgestaltete Badestube befindet sich auf Schloss Ambras (Innsbruck). Ebenfalls aus dem 16. Jahrhundert stammt die etwas kleinere Badestube der Heldburg. Gebadet wurde wohl überwiegend in einem hölzernen Bottich, selten in einem gemauerten Becken wie in Ambras.

Wohl im Zuge der „Luxussanierung" der Burg Runkelstein um 1400 durch die wohlhabende Bozner Bürgerfamilie Vintler wurde dort eine ebenerdige Badestube an den östlichen Wohnbau angebaut, die allerdings im 19. Jahrhundert zerstört wurde – der fälschlicherweise als „Badestube" bezeichnete Raum ist eine Schlafkammer im Obergeschoss des gegenüberliegenden Wohnbaus. Ähnliche nachträgliche Einbauten von Badestuben

Badestube, Gemälde aus dem Monatszyklus von Hans Wertinger (Germanisches Nationalmuseum, Nürnberg)

Das Badestubenappartement der Heldburg (Thüringen) besteht aus einer Kammer, einer Stube und einem Heizraum, um 1560.

Die Badestube in Schloss Ambras bei Innsbruck (Nordtirol), 16. Jh.

sind im 15. und 16. Jahrhundert häufiger belegt. So richtete man in einem Nebentrakt des hochmittelalterlichen Wohnbaus der Marksburg im 16. Jahrhundert im 1. Obergeschoss eine Badestube ein.

Kapelle

Das Thema „Kirche" in Verbindung mit „Burg" ist in architektonischer Hinsicht außerordentlich vielfältig. Angefangen von den großen Kirchenbauten der Kaiser- und Bischofspfalzen über kleine Kapellen in Adelsburgen bis hin zur Gebetsnische in einem Wohnturm reichen die Möglichkeiten eines Sakralraums in einer Burg. Aber auch Kirchen und Klöster waren im Mittelalter vielfach umwehrt und konnten ein fast burgähnliches Aussehen besitzen. Beispiele sind das Kloster Sonnenburg bei St. Lorenzen/Südtirol aus dem frühen 11. Jahrhun-

dert, das eine Umwehrung des 12./13. Jahrhunderts besitzt, oder das Kloster Großcomburg bei Schwäbisch Hall aus dem 12. Jahrhundert, das im Spätmittelalter umwehrt wurde – von den Ordensburgen der Kreuzritter ganz abgesehen. Angesichts der Vielfalt der architektonischen und funktionalen Erscheinungsformen ist eine Typologie der mittelalterlichen Burgkapellen äußerst schwierig (vgl. Stevens 2003). Von ihrer baulichen Anordnung lassen sich grundsätzlich Kapellen über dem Tor und Kapellen in Verbindung mit einem Wohnbau sowie freistehende Kapellen unterscheiden.

Das Vorhandensein und die Gestalt des Sakralraums ist selbstverständlich von den finanziellen Möglichkeiten des Bauherren, der Funktion der Anlage und den architektonischen und topographischen Rahmenbedingungen abhängig. Die Entwicklung der Burgkapellen ist nicht nur von den religiösen Vorstellungen der adligen Burgbesitzer, sondern auch von ihrem Repräsentationsbedürfnis geprägt, das sich im Aufgreifen aktueller Architekturformen, in prunkvoller künstlerischer Ausgestaltung und der Ausstattung mit kostbaren Kirchengeräten und Reliquien äußert.

Dabei dürften die Sakralräume der Kaiserpfalzen vorbildhaft gewirkt haben. An erster Stelle ist hier die Kapelle der karolingischen Kaiserpfalz in Aachen zu nennen, die Karl der Große um 800 nach dem spätantiken Vorbild von San Vitale in Ravenna (547 geweiht) errichten ließ.

Sie war während des gesamten Mittelalters die bevorzugte Krönungskirche der deutschen Könige und hatte dadurch eine herausragende Stellung. Die ummauerte Pfalz besaß als Hauptakzente im Norden der Anlage den Saalbau, das heutige Rathaus, und im Süden die Kapelle. Der Form nach handelt es sich um einen hohen Zentralbau mit umlaufender Empore, auf der der genau gegenüber dem Altar platzierte königliche Thron noch erhalten ist. Der karolingische Bau besaß ursprünglich nur eine kleine Apsis, die ab 1355 im Auftrag des Domstifts durch einen großen spätgotischen Chor ersetzt wurde.

Aachen (Rheinland),
Pfalzkapelle, um 800

Karls Pfalzkapelle hatte nicht nur eine religiöse, sondern auch eine politische Funktion. Mit ihrem expliziten, zumindest für jeden gebildeten Zeitgenossen verständlichen Rückgriff auf die spätantike Herrscherarchitektur war sie ein steinerner Ausdruck der karolingischen „renovatio imperii", der Wiederbelebung des antiken römischen Reichs unter christlichem Vorzeichen. So unterschiedlich das Erscheinungsbild von Pfalzkapellen im frühen und hohen Mittelalter ist, immer sind sie bis zu einem gewissen Maße in ihrer Architektur, Ausstattung oder den in ihnen verehrten Heiligen eine Verkörperung der jeweiligen Herrschaftsidee. Indem die Kaiser und Könige ihre Macht von Gott ableiteten („Gottesgnadentum"), war Religion im Mittelalter und bis weit in die Neuzeit hinein („Säkularisation") stets auch Politik.

Die christliche Staatsidee, der religiöse Repräsentationswille, der individuelle Wunsch nach Jenseitsvorsorge und Pflege des Angedenkens („Memoria"), aber auch schlichtweg Machtbestrebungen führten seit dem frühen Mittelalter zu zahlreichen Gründungen von Pfalzen und Burgen in Verbindung mit kirchlichen Einrichtungen. So ließ der Salierkaiser Heinrich III. die Pfalz von Goslar um 1050 grundlegend ausbauen und in unmittelbarer Nachbarschaft ein Stift errichten, das den beien Heiligen Simon und Judas geweiht war, an deren Festtag er 1017 geboren worden war. Die Pfalz selbst erhielt spätestens im 12. Jahrhundert eine dreischiffige Pfalzkapelle (Liebfrauenkapelle, im 18. Jahrhundert zerstört) und unter der neuen Herr-

Der Kaiserthron in der Aachener Pfalzkapelle, 1. Hälfte 9. Jh.

scherdynastie der Staufer in der Mitte des 12. Jahrhunderts eine zweite, dem hl. Ulrich geweihte Kapelle. Sie wurde am entgegengesetzten Ende des Palas errichtet und mit diesem durch einen Gang verbunden. Möglicherweise in Anlehnung an die Aachener Pfalzkapelle wurde St. Ulrich als Doppelkapelle erbaut, wobei das achteckige, dem Herrscher vorbehaltene Obergeschoss auf einem kreuzförmigen Untergeschoss ruhte, in dem das Gefolge der Messe beiwohnen konnte. Direkt vor den Toren der Pfalz befand sich der 1819 abgebrochene Dom, 1047 unter Kaiser Heinrich III. begründet.

Wie Heinrich III. in Goslar, haben auch andere mittelalterliche Herrscher eine bestehende Reichsburg zum Ausgangspunkt von Kirchen- und sogar Bistumsgründungen gemacht. So hatte Heinrichs Vater Konrad II. den Neubau des Speyrer Doms forciert, der fortan als salische Grablege dienen sollte. Ein prominentestes Beispiel kaiserlicher Kirchenpolitik ist die Begründung des Bistums Bamberg durch Heinrich II. (1002–1024), der die karolingische Reichsburg zum Ausgangspunkt eines Bischofssitzes machte. Eine andere Verbindung von Burg und Bistum ist Meißen, wo der Bischofssitz ab 967 innerhalb der Räumlichkeiten der alten Reichsburg entstand und ab dem Spätmittelalter Bischofsresidenz und landesherrliche Burg eine einheitliche Baugruppe bildeten. Der Hochadel eiferte dem Herrscher in seinen kirchenpolitischen Bestrebungen nach, konnte im Gegensatz zum König aber keine Bistümer, sondern lediglich Stifte gründen. Die bedeutendste dieser Gründungen ist die eines Burgstifts im frühen 11. Jahrhundert neben der Herzogspfalz in Braunschweig, die heute als „Dom" bezeichnete Stiftskirche entstand ab 1173.

Nicht alle Königspfalzen wurden zum Ausgangspunkt von Bistums- und Stiftsgründungen. Die meisten von ihnen verfügen jedoch über hinsichtlich ihrer Größe und dem Einsatz architektonischer Mittel bedeu-

tende Kapellen. Erhaltene Beispiele solcher Pfalzkapellen finden sich in den stauferzeitlichen Königspfalzen von Gelnhausen (um 1170), Wimpfen (Ende 12. oder Anfang 13. Jahrhundert), Nürnberg (gegründet um 1050, Ausbau vor allem um 1215/30) und Eger (heute: Cheb, 1. Hälfte 13. Jahrhundert). Bei allen handelt es sich um Doppelkapellen, die sich bereits durch die Raumgliederung als herrscherliche Bauten ausweisen. Die meisten stehen in baulicher Verbindung zum Palas, in Gelnhausen befindet sich die Kapelle über dem Torweg, einer im Mittelalter verbreiteten Anordnung.

Torkapelle

Die Platzierung einer Kapelle über dem Tordurchweg mag aus heutiger Perspektive zunächst erstaunen. Das Tor erscheint als besonders empfindlicher und bei Angriffen gefährdeter Teil der Burg, unvereinbar mit der Vorstellung eines schützenswerten Sakralraums. Hinzu kommt die Tatsache, dass die Einrichtung einer Kapelle über dem Tor die Möglichkeiten zu dessen Sicherung und Verteidigung, etwa durch ein Fallgatter, einschränkten. Trotzdem ist der

Goslar (Niedersachsen), St. Ulrich, Doppelkapelle der Kaiserpfalz, 12. Jh.

Rheda (Westfalen),
Hofansicht des
Torturms mit der
Kapelle, um 1220/30

Raum über dem Tor im mitteleuropäischen Burgenbau ein typischer Ort für die Einrichtung einer Kapelle. Die häufig wiederholte Annahme, Torkapellen unterstützten durch ihre „heilige" Präsenz die Verteidigung der Burg, entbehrt jeder gesicherten Grundlage und gehört in den Bereich der Mythen der Burgenforschung. Eher scheint die Lage über dem Tor durch die Nähe zum Wohnbau begründet zu sein. Auffällig ist, dass Sakralräume zwar in unmittelbarer Nähe, aber selten direkt über einem profan genutzten Raum eingerichtet wurden. Eine Ausnahme von diesem Prinzip sind Ka-

pellen in Türmen (z. B. Trifels). Die Standortwahl hängt weniger mit der militärischen, denn der überwiegenden zivilen Nutzung von Burgen als Wohnsitzen des Adels zusammen. Eine der ältesten erhaltenen Torkapellen findet sich in Donaustauf (3. Viertel 11. Jahrhundert). Der neben dem „Palas" errichtete, ausgesprochen ungewöhnliche Bau diente im Erdgeschoss als Torweg in den innersten Burghof, während im Obergeschoss die quadratische Burgkapelle eingerichtet war. Sie war durch vier Pfeiler in neun Joche geteilt und an der Außenmauer zusätzlich mit halbrunden Nischen versehen, was dem Raum ein großzügiges und repräsentatives Aussehen verleiht.

Eine der aufwendigsten Bauten ist die Doppelkapelle im Torturm von Rheda (Ostwestfalen), durch die Edelherren zur Lippe um 1220 errichtet. Sie besteht aus einem über der Tordurchfahrt gelegenen Hauptgeschoss und einem Emporengeschoss. Das Hauptgeschoss ist mit einem allseitigen Umgang versehen, von dem der Altarraum durch kräftige Mauern abgeteilt ist. Eine Öffnung im Boden der Kapelle erlaubte die Sicherung des Torwegs, ein Fallgatter, das vom Kapellenraum aus hätte bedient werden müssen, gab es jedoch nicht. Das darüberliegende Geschoss hat nur seitlich Emporen, so dass Kirchensaal und Altarraum wie ein hohes Mittelschiff erscheinen. Mit ihrer komplexen Architektur ist die Kapelle in Rheda jedoch eine Ausnahmeerscheinung unter den mitteleuropäischen Torkapellen.

Die meisten Torkapellen waren von bescheidenen Ausmaßen. Etwa gleich alt wie Rheda ist die Kapelle über dem Tor zur Burg Boymont (Südtirol), eingeklemmt zwischen Wohnbau ("Palas") und Bergfried. Ein spätes Beispiel ist die Kapelle der bischöflichen Burg Dringenberg (Ostwestfalen, 1488), ein schmaler einjochiger Gewölberaum. Der Zugang zu diesen Kapellen erfolgte zumeist vom benachbarten Wohnbau aus, nur in Dringenberg gibt es eine Wendeltreppe in der Tordurchfahrt. Sie sind damit in der Regel als zum Wohnbau gehörige und diesem angegliederte Räume ausgewiesen.

Selbständige Kapellenbauten im Burghof

Nur wenige Burgen besitzen nach dem Vorbild der Pfalzen einen großen eigenständigen Kapellenbau innerhalb der Burganlage. Zu den Ausnahmen gehört die kreuzförmige und mit drei Apsiden versehene Kirche der Burg Querfurt, die im 12. Jahrhundert inmitten der Anlage errichtet wurde. Ihre Größe und die Lage erklärt sich aus dem Vorgängerbau: Es handelte sich um die Kirche eines zunächst hier gegründeten Stiftes. Ein solcher Ursprungsbau wird auch für die spätestens gegen 1200 errichtete Kapelle von Hocheppan oberhalb von Bozen angenommen, die eventuell vor der um 1200 gegründeten Burg existierte. Hingegen entstand die Doppelkapelle von Landsberg (Sachsen-Anhalt) in der zweiten Hälfte des 12. Jahrhunderts ohne Anregung durch einen Vorgängerbau ebenfalls als eigenständige Kirche innerhalb der

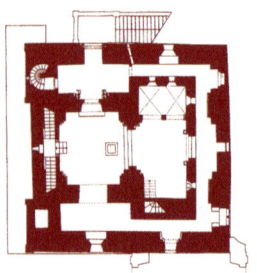 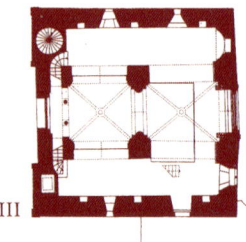

III

Seite 123:
Rheda (Westfalen),
Blick auf die
Westseite der Kapelle

links: Grundriss der
Torkapelle von Rheda
(Westfalen), 1. und
2. Obergeschoss

Burganlage. Dies gilt auch für die gotischen Burgkapellen von Burg Schaunberg (Oberösterreich) und Prösels am Schlern (um 1500).

Bisweilen gaben wie in Kobern auch bedeutende Reliquienerwerbungen den Ausschlag für die Errichtung einer größeren selbständigen Kapelle

in der Kernburg. Die Matthiaska-
pelle der Burg Kobern, ein vermutlich einheitlicher Bau aus einem
sechseckigen Langhaus und einer
Halbkreisapsis von etwa 1200, barg
eine Reliquie des vor allem in Trier
verehrten hl. Matthias (vgl. Großmann, 1995). In diesem Fall war es
wohl der Wille des Burgherren
Heinrich II. von Isenburg-Kobern,
zur Verehrung der Reliquie einen
separat zugänglichen und breiteren
Bevölkerungskreisen offenstehen-
den Sakralraum zu schaffen, der
nicht auf die Funktion eines An-
dachtsraumes für die Herrschaft
und das Personal der Burg beschränkt war.

Kapellen als Anbau oder Einbau

Separate oder nahezu selbständige,
mehrschiffige oder mehrgeschossi-
ge Kapellenanbauten wie die Nürnberger Pfalzkapelle bleiben im mitteleuropäischen Burgenbau die Ausnahme. Den Normalfall stellen kleinere Kapellen dar, die in einen
Wohnflügel integriert oder an diesen
angefügt sind.

Große Burgkapellen sind selten als
eigenständige Bauten, sondern zumeist als Flügel oder Anbauten eines
Wohngebäudes errichtet worden. Ihre repräsentative Wirkung nach
außen ist unterschiedlich. Überwiegend fallen die Kapellen im Bauge-
füge der Burg nicht sonderlich auf

*Landsberg
(Sachsen-Anhalt),
Doppelkapelle im
ehemaligen Burghof,
2. Hälfte 12. Jh.*

Kirche der Bischofsburg Ziesar (Brandenburg), 1470 geweiht, rechts der Wohnflügel

und sind, wie die Doppelkapelle der Neuenburg oder die Torkapelle in Rheda, allenfalls an ihren rund- oder spitzbogigen Fenstern als Sakralbau zu erkennen. Hingegen ist die gotische Kapelle des Marburger Schlosses (1288 geweiht) deutlich hervorgehoben und in ihrer äußeren Erscheinung wohl explizit auf Fernwirkung berechnet. Ähnliches gilt für die Kapelle der Bischofsburg Ziesar.

Die Marburger Kapelle war auf verschiedene Weise betretbar. Zum einen gab es vom Hof aus eine Wendeltreppe, zum anderen war ein direkter Zugang vom anschließenden Wohnbau des Landgrafen vorhanden. Im Inneren ist jedoch keine architektonische Differenzierung zwischen einem Gebetsraum für die Herrschaft und die Bediensteten bemerkbar. Dies heißt nicht, dass es eine solche Trennung der Bereiche nicht gegeben hätte, die auch durch mobile Raumglieder wie Vorhänge erfolgen konnte.

Auch die Burgkapelle der Heldburg besaß mehrere Zugangsmöglichkei-

ten. Die im 13. Jahrhundert errichtete Kapelle ist ein einfacher rechteckiger Saalbau, der an seiner Westseite an einen Wohnflügel angeschlossen ist. An der Ostseite, d. h. der Altarseite, war kein Gebäude angeschlossen, so dass von dort Licht in die Kapelle gelangen konnte. Reste eines hofseitigen Eingangs lassen vermuten, dass es neben dem Zugang vom Wohnbau auch einen solchen vom Hof aus gab.

Die Mehrzahl der Burgen verfügt über keine eigenen Kapellenräume. Häufig richtete man aber zumindest einen Kapellenerker ein, der an einen größeren Raum, zumeist einen Saal, angefügt und mit einem Altar ausgestattet wurde. Wie das Beispiel auf Burg Eltz (14. Jahrhundert) zeigt, ließ sich der Erker mit einer großen Tür verschließen, so dass der Saal weiter für weltliche Anlässe nutzbar war. Bei Bedarf öffnete man die Türen und hatte die Möglichkeit zum Gottesdienst oder zur Andacht. Statt in einem Erker ließ sich der Altar auch in einer Mauernische unterbringen. Weitere Beispiele von Kapellenerkern finden sich auf der Ronneburg (Südhessen, um 1370) oder auf der Weidelsburg bei Ippinghausen (Nordhessen, 14. Jahrhundert).

Doppelkapelle

Die repräsentativste, weitgehend auf Herrscherpfalzen und hochadelige Burgen begrenzte Kapellenform ist die Doppelkapelle. Sie besitzt zwei Kapellengeschosse übereinander, die durch eine Öffnung miteinander verbunden sind. Es gibt sowohl selbständige Kapellenbauten, z. B. Aachen oder Landsberg (2. Hälfte 12. Jahrhundert), als auch Kapellenanbauten (z. B. Neuenburg, 1. Hälfte 12. Jahrhundert, zur Doppelkapelle erweitert und eingewölbt bis um 1220).

Als Prototyp einer Doppelkapelle gilt die Pfalzkapelle Karls des Großen in Aachen (um 800). Sie unterscheidet sich von ihrer Größe, ihren anspruchsvollen auf spätantike und byzantinische Vorbilder zurückgreifenden Raumformen und dem umlaufenden Emporengeschoss jedoch in vieler Hinsicht von den meisten Doppelkapellen mittelalterlicher Burgen und Pfalzen, die weitaus kleiner und von schlichterer Form sind und in der Regel nur eine kleine Öffnung zwischen den Geschossen besitzen. Zu den älteren Beispielen gehören die Emmeramskapelle am Dom zu Speyer (nach 1080) sowie die Gotthardkapelle am Dom in Mainz (1137 geweiht), auch die Ulrichskapelle der Kaiserpfalz in Goslar wird noch ins 2. Viertel des 12. Jahrhunderts datiert.

Die meisten erhaltenen Doppelkapellen stammen aus staufischer Zeit, also der Epoche zwischen 1150 und 1250, etwa die Burgkapellen in Eger (Cheb; Anfang 13. Jahrhundert), Lohra (Amt Lohra/Thüringen, um 1200) oder Burgsteinfurt (um 1200); zu den jüngeren Beispielen zählen

Heldburg (Thüringen), Hofansicht des Kapellenbaus aus dem 13. Jh.

links: Burghausen (Oberbayern), einschiffige spätgotische Burgkapelle

Vianden (um 1250) und Ingolstadt (ab etwa 1420). Dass auch im Spätmittelalter noch Doppelkapellen errichtet wurden, zeigt das Beispiel von Ingolstadt (15. Jahrhundert). Meist wurden die Doppelkapellen in einer einheitlichen Bauphase errichtet (z. B. Landsberg, Nürnberg, Eger), seltener entstanden sie durch Aufstockung und Umbau einer eingeschossigen Saalkirche wie in Neuenburg.

Die Nürnberger Kapelle ist ein auf drei Seiten freistehendes Gebäude an der Nahtstelle zwischen Kernburg und Vorburg, das mit der Westseite an den Saalbau der Pfalz angefügt ist. Der Bau umfasst zwei Hauptgeschosse und eine Empore; eine innere Verbindung zwischen den Hauptgeschossen existiert nicht, allerdings gelangt man von der Empore über eine Mauertreppe in das obere Kapellengeschoss. Das untere Geschoss ist nur separat von der Vorburg aus zugänglich. Es hat ein kurzes dreischiffiges Langhaus und einen schmalen Chor. Das mittlere Joch im Langhaus ist nicht durch ein Gewölbe geschlossen, sondern zum oberen Geschoss hin geöffnet. Dieses ist vom unteren Saal des Saalbaus aus zu betreten. Seine Raumgliederung entspricht dem unteren Geschoss, allerdings sind die Stützen schlanker und der Raum ist viel höher. Durch

oben: Burg Landsberg (Elsass), Kapellenerker, um 1200

Nürnberg (Mittelfranken), Kaiserpfalz, Doppelkapelle, um 1210, Oberkapelle nach Westen mit Blick zur Empore

eine schmale Mauertreppe gelangt man auf die Westempore, die von kräftigen Stützen getragen wird. Sie ist zudem vom oberen Saal des Saalbaues aus zu erreichen.

Mit ihren differenzierten Zugangsmöglichkeiten war die Nürnberger Kapelle sowohl der private Andachtsraum des Königs, der von seinen Wohnräumen über den oberen Saal auf die Empore gelangen konnte, als auch der allgemeine Gebetsraum des Burgpersonals und Gefolges. Angesichts dieser dreiteiligen Raumgliederung lässt sich die Vermutung aufstellen, dass der König den Gottesdiensten von der Empore aus beiwohnte, sein Gefolge konnte über den unteren Saal in die obere Kapelle gelangen, in der auch der Hauptaltar aufgestellt war, während das niedere Personal des Wirtschaftshofs von der Vorburg aus Zugang zur unteren Kapelle hatte. Stimmt diese Hypothese, so spiegelt der Kapellenbau auf einzigartige Weise die soziale Hierarchie innerhalb einer Königspfalz.

oben: Nürnberg (Mittelfranken), Kaiserpfalz, Doppelkapelle, um 1210, Unterkapelle, Blick zur Oberkapelle

links: Freyburg/Unstrut (Sachsen-Anhalt), Doppelkapelle der Neuenburg, 12. und Anfang 13. Jh., Oberkapelle

Verwaltungsräume: Rentkammer, Kanzlei, Gericht

Separate Räume zur Verwaltung des Herrschaftsgebietes, zum Verzeichnen der Steuer- und Zolleinnahmen und zur Rechtsprechung hat es vor allem bei landesherrlichen Burgen, vielleicht auch bei Vogtsitzen, wohl schon im hohen Mittelalter gegeben. Hier wurden die wichtigen Vorgänge in Urkunden oder in Verzeichnissen niedergelegt und dokumentiert. Für die Begründung von Rechtsansprüchen spielte dabei vor allem das Archiv eine wesentliche Rolle, da der adlige Besitzer die ihm gewährten Rechte und Privilegien für die Zukunft aufbewahren musste. Die genaue Anordnung dieser Verwaltungsräume ist in der Regel erst ab dem 15. Jahrhundert dokumentiert. Aus älterer Zeit existieren praktisch keine Aufzeichnungen wie etwa Rauminventare, die eine sichere Auskunft über Raumfolgen und -funktionen geben könnten. Bevorzugt wählte man als Archivraum einen mäßig großen, steinernen und ge-

wölbten, d. h. feuersicheren Raum. Zumindest in nachmittelalterlicher Zeit konnte dazu der Bergfried genutzt werden (Büdingen, Schloss, um 1530 erwähnt).

Folterkammer und Gefängnis

Eng mit den Funktionen von Verwaltung und Rechtssprechung verbunden ist die Nutzung einiger Räume als Folterkammer und Gefängnis. Hier handelt es sich jedoch zumeist um neuzeitliche Nutzungen. Folterkammern in mittelalterlichen Burgen sind eine historische Fiktion. Als Gefängnis dienten Burgen nur im Rahmen der Gerichtsbarkeit des Burgherrn. Dabei handelte es sich zumeist um die niedere Gerichtsbarkeit im Unterschied zur hohen Gerichtsbarkeit, d. h. der Blutgerichtsbarkeit, die über Kapitalverbrechen richtete und dem König bzw. Hochadel vorbehalten war. Burgen konnten allerdings zur vorübergehenden Aufnahme von Delinquenten bis zur Gerichtsverhandlung dienen.

Gefängnisstrafen waren im Mittelalter unüblich. Das Gefängnis als Bau-

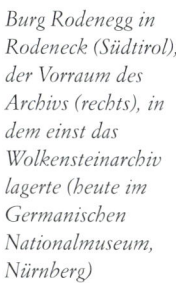

Burg Rodenegg in Rodeneck (Südtirol), der Vorraum des Archivs (rechts), in dem einst das Wolkensteinarchiv lagerte (heute im Germanischen Nationalmuseum, Nürnberg)

Die Gefängniszellen zur kurzzeitigen Unterbringung von Angeklagten auf der Kyburg (Aargau) sind echt.

unten: Die „Eiserne Jungfrau" in Burg Kyburg (Aargau) ist eine Fälschung des 19. Jh.

typ ist eine Erfindung der Neuzeit. Die übliche Strafe bei geringeren Verbrechen waren Geldbußen oder das „Ausstellen" des Angeklagten auf einem öffentlichen Platz („Pranger"), nicht jedoch einer Burg. Auch die Körperstrafen, vom Abschlagen von Händen bei Dieben bis hin zur Todesstrafe (Blutgerichtsbarkeit), vollzogen sich nach der Verhandlung im öffentlichen Raum. In der Burg hielt man nur kurzzeitig Gefangene fest, etwa auch (vermeintliche) Aufrührer, die sich gegen den Burgherrn gewendet hatten. Längerfristige Gefangenschaft mussten Adlige und Bürger erdulden, mit deren Festsetzung der Burgherr Lösegeld erpressen wollte. Solche Gefangene sperrte man aber nicht in tiefe Löcher, sondern behandelte sie eher zuvorkommend.

Der Mythos der Folterkammer geht auf das 16. und 17. Jahrhundert zurück, als man viele Burgen, die sich weder für den Ausbau zur Festung noch für die Weiternutzung als Residenz anboten, nur noch als Amtssitz nutzte. Nun zogen mit den Amtsverwaltungen auch Amtsgerichte in die Burg ein. Vorhandene Türme oder die Sockelgeschosse von Türmen und Bergfrieden wurden verstärkt zur Unterbringung von Gefangenen genutzt. „Hexenturm", „Folterturm" und „Hungerturm" (Ranis, 14. Jahrhundert) sind vielfach Bezeichnungen aus dieser Zeit. Nur in Ausnahmefällen wurden Kellerräume zur Verwahrung von

130

Weiler (Baden-Württemberg), achteckiger Bergfried im Innenhof der Burg Steinsberg

Gefangenen verwandt, da diese zumeist nicht sicher genug waren. Zu brutal konnte man einen Gefangenen jedoch nicht behandeln, denn dieser musste unbedingt lebend dem Richter vorgeführt werden, da ein Geständnis ein wesentlicher Teil im Rechtsprechungsverfahren war. Die Folterwerkzeuge, die in vielen deutschen Burgen ausgestellt werden, sind vielfach Erfindungen und Fälschungen des 19. und 20. Jahrhunderts. Einige dieser Werkzeuge, wie die „Eiserne Jungfrau", hat es im Mittelalter und selbst in der folterwütigen frühen Neuzeit nicht gegeben.

Bergfried

Der Bergfried ist der Hauptturm einer mitteleuropäischen Burg. Er überragt deutlich alle anderen Gebäude einschließlich der übrigen Türme. Er ist grundsätzlich ein unbewohnter Turm, kann jedoch mit einer Turmwache besetzt sein. Für diese war in vielen Bergfrieden ein Aufenthaltsraum vorhanden, der mit einem Kamin und einem Abort ausgestattet sein konnte. Der Zugang in den Bergfried erfolgte fast immer über eine Außentreppe oder vom Wehrgang aus. Durch diesen hoch gelegenen Eingang blieb ein hohes Sockelgeschoss übrig. Darin befand sich ein hoher meist ungenutzter Raum, der in der Regel von einem Gewölbe überdeckt wird, in dessen Mitte ein Loch die Verbindung zum darüber gelegenen Eingangsraum des Bergfrieds darstellt. Die Burgenkundler des 19. Jahrhunderts haben diese Öffnung in Unkenntnis als „Angstloch" bezeichnet, da sie glaubten, der Sockelraum habe als Verlies gedient. Für eine solche Nutzung gibt es im Mittelalter jedoch so gut wie keine Belege; erst zu Beginn der Neuzeit werden Burgen vermehrt als Gefängnisse genutzt. Die ersten nachweisbaren Bergfriede stammen aus dem 11. Jahrhundert

131

und sind vor allem ein Phänomen des „klassischen Burgenbaus" des 12. und 13. Jahrhunderts. Bei den frühen, überwiegend aus Holz errichteten Burgen und Motten mit ihren vergleichsweise niedrigen Umwehrungen sah man offensichtlich keine Notwendigkeit zur Errichtung eines hohen Wehrturms – zumindest konnten keine Spuren eines derartigen Gebäudes festgestellt werden. Erst im Laufe des 11. Jahrhunderts, als Burgen zunehmend aus Stein errichtet wurden, entsteht der Bergfried als neuer Bautyp. Von den frühen Beispielen, etwa dem um 1100 datierten Bergfried der Burg Sulzbach (Sulzbach-Rosenberg), sind allerdings nur die Fundamente archäologisch nachzuweisen, die eine exakte Unterscheidung zwischen

Bergfried und Wohnturm häufig schwierig machen. Anhaltspunkte bieten allein die Mauerstärken. Unsicherheiten bestehen auch bei den Datierungen. Manche lange für früh gehaltene Türme stammen tatsächlich erst aus dem 12. Jahrhundert, wie der „Dicke Heinrich" der Burg Querfurt. Im 12. Jahrhundert setzt sich der Bergfried jedoch als Bestandteil nahezu jeder Burg durch. Nur in Ausnahmefällen hat man auf ihn verzichtet, statt dessen aber zumeist einen anderen exponierten Turm errichtet, der die Funktionen des Bergfrieds als Wachturm und weithin sichtbares Herrschaftszeichen mit übernahm, wie etwa der Torturm der Cadolzburg (Franken, Mitte 13. Jahrhundert). Andererseits gibt es auch Burgen mit mehreren

So altertümlich der Bergfried von Wanzleben (Sachsen-Anhalt) wirkt, wurde er doch erst im frühen 13. Jh. über einem älteren Bauwerk errichtet, dessen Mauerwerk sich noch abzeichnet.

Habsburg (Aargau). Trotz des klobigen Mauerwerks entstand der Bergfried der Habsburg erst um 1200.

Bergfrieden, die aber zumeist aus unterschiedlichen Bauphasen stammen und auf das Vorhandensein mehrerer Angriffsseiten reagieren (Münzenberg/Wetterau, Querfurt). Der Begriff „Bergfried" oder „Burgfried", wie er im 19. Jahrhundert vielfach genannt wurde, stammt erst aus der Neuzeit, im Mittelalter hat man derartige Bauwerke zumeist allgemein als „Türme" bezeichnet, selbst Zedlers Universallexikon aus der Mitte des 18. Jahrhunderts nennt das Wort noch nicht. Der Begriff „Bergfried" bringt die vorwiegend militärische Funktion des Turmes zum Ausdruck, dass mit Hilfe des Turmes der Frieden im Burgbereich geschaffen werden soll (Burgfrieden). Der Bergfried steht meist an einer besonders gefährdeten Seite der Burg, bei Hangburgen etwa an der Hangseite, so dass man jeden Herannahenden genau beobachten und notfalls reagieren konnte. Gibt es keine besonders gefährdete Seite,

steht der Bergfried nahe dem Tor oder mitten im Hof (Weiler bei Sinsheim, Burg Steinsberg, 2. Viertel 13. Jahrhundert). Fast immer befindet er sich im innersten Bereich der Burg, jedoch abgesetzt von der Ringmauer (z. B. Wildenberg/Odenwald, um 1180/90). Nur in Ausnahmefällen ist er wie in Oberstenfeld im Bottwartal, Burg Lichtenberg (um 1200), in den Verlauf der Ringmauer eingebunden oder ihr vorgesetzt (z. B. Guttenberg am Neckar, 2. Viertel 13. Jahrhundert).

Bereits die frühen Bergfriede sind in ihren Formen äußerst unterschiedlich und im Laufe der Jahrhunderte ergeben sich weitere Differenzierungen. Der Durchmesser bzw. die Seitenlänge kann zwischen 7 und 11 m betragen, die Höhe variiert zwischen 20 und 30 m, die Mauerdicke zwischen 2 und 3 m (vgl. Biller/Großmann S. 74ff.). Die meisten Bergfriede sind rund, achteckig oder quadratisch, bisweilen auch fünfeckig

(Neuhaus/Oberösterreich, 14. Jahrhundert). Dabei kann der Grundriss ein Hinweis auf die Entstehungszeit sein. So sind die frühen Bergfriede des 12. Jahrhunderts überwiegend quadratisch, während im 13. und 14. Jahrhundert zunehmend runde Bergfriede auftreten – allerdings gibt es auch viele Ausnahmen für diese Regel (z. B. Neuenburg, Sachsen-Anhalt, 12. Jahrhundert). In einigen Fällen war die runde Form sogar namensgebend, so etwa beim Nürn-

berger „Sinwellturm" oder der oberhalb von Taufers in Südtirol gelegenen Burg „Rotund" (beide 13. Jahrhundert). Dass die Form auch mit verteidigungsstrategischen Überlegungen zusammenhängt, zeigen etwa fünfeckige Bergfriede, die mit einer Spitze auf die Angriffsseite ausgerichtet sind (Ortenberg/Elsass, um 1260/70). Auch viereckige Türme hat man gelegentlich mit einer Spitze gegen die Angriffsseite orientiert (Wildenberg/Odenwald; Beilstein/Kr. Heilsbronn, Ende 12. Jahrhundert). Diese Ausrichtung hängt vor allem mit der Verbreitung von Bliden (Steinwurfmaschinen) ab dem frühen 13. Jahrhundert zusammen, deren Steingeschosse eine Spitze bzw. Mauerschräge weniger leicht beschädigen konnten als eine frontale Mauerfläche.

Anhaltspunkte zur Datierung gibt auch die Mauertechnik. So gibt es Buckelquader, die einem Bergfried ein besonders wehrhaftes und zugleich repräsentatives Aussehen verleihen (in Mitteleuropa erst ab der Mitte des 12. Jahrhunderts). Besonders verbreitet ist diese Quadertechnik ab dem 3. Viertel des 12. Jahrhunderts, während sie gegen Ende des 13. Jahrhunderts an Bedeutung verliert. Ungeachtet dieser allgemeinen Tendenz besitzt der 1275 errichtete Sinwellturm der Nürnberger Kaiserburg noch Buckelquadermauerwerk, und an der Nürnberger Stadtmauer gibt es Buckelquader noch im 14. und 15. Jahrhundert.

Beilstein/Neckar. Der fünfeckige Bergfried wendet seine Spitze der Angriffsseite zu und steht direkt hinter der Ringmauer, 1. Hälfte 13. Jh.

Gleiberg (Hessen). Runde Bergfriede kommen nach ersten Beispielen im 12. Jh. verstärkt im Spätmittelalter vor.

Pappenheim (Mittelfranken), Bergfried aus sorgfältigem Buckelquadermauerwerk, mit der Steinzange vermauert, 2. Viertel 13. Jh.

Schließlich kann auch die Form von Fenstern und Türen als Datierungskriterium dienen. So deutet der rundbogige Eingang des Bergfrieds der Churburg (Vinschgau) auf eine Datierung in die 1. Hälfte des 13. Jahrhunderts, d. h. in die späte Romanik, hin. Hingegen ist der Bergfried der Ronneburg mit seinem spitzbogigen Eingang eindeutig gotisch geprägt, was eine Entstehung um 1300 plausibel macht. Zur Datierung eines Bergfrieds sollten jedoch stets möglichst viele Indizien im Zusammenhang betrachtet werden, um Irrtümer zu vermeiden. So galt der „Bergfried" in Burglengenfeld (Oberpfalz) mit einer Datierung in das 11. Jahrhundert als besonders frühes, noch zu salischer Zeit entstandenes Bauwerk, bis man in geringer Entfernung den Stumpf eines zweiten Rundturmes entdeckte und die Burg als kastellartige Anlage identifizierte, die in dieser Form kaum vor 1200 entstanden sein kann.

Aus Form und Stellung des Bergfrieds lassen sich nicht nur Rückschlüsse auf die Datierung, sondern auch auf die Aufgaben ziehen. Es sind aus dem Mittelalter keine allgemeinen Quellen zu den Funktionen eines Bergfrieds überliefert. Die wichtigste Aufgabe war sicher die Verteidigung. Ursprünglich waren viele Bergfriede kaum mehr als dreigeschossig und wurden oben durch eine zinnenbesetzte Wehrplattform abgeschlossen. Dies macht auch die Position an einer gefährdeten Seite der Burg deutlich. Dies konnte, wie beim älteren Bergfried von Büdingen (Ende 12. Jahrhundert, nicht erhalten), die ungesicherte Talseite sein oder ein Platz nahe dem Tor, wie der erhaltene jüngere Bergfried (Mitte 13. Jahrhundert) von Büdingen veranschaulicht. Bei Hangburgen sind Bergfriede in aller Regel an der Hangseite platziert.

Die aktive Rolle des Bergfrieds bei der Verteidigung wird ab dem späteren 13. Jahrhundert zunehmend von seiner Funktion als Ausguck, Wachturm und weithin sichtbares Herrschaftszeichen überlagert. Die Bergfriede des Spätmittelalters sind deutlich höher als die älteren Türme, die entweder aufgestockt oder durch Neubauten ersetzt werden. Die Erhöhung war auch durch den häufigen Ausbau der übrigen Burg notwendig geworden, die der Bergfried als höchstes Gebäude überragen

*Herschfeld
(Unterfranken).
In der Ganerbenburg
Salzburg hatten mehrere
Eigentümer eigene Berg-
friede, 13. Jh.*

*Tangermünde (Sachsen-
Anhalt), Burg Kaiser
Karls IV., Bergfried aus
Backsteinmauerwerk mit
Ziersetzungen,
3. Viertel 14. Jh.*

Wimpfen (Baden-Württemberg), Bergfried aus drei Bauphasen in der Kaiserpfalz

sollte. Mit der Höhe vergrößert sich aber der Abstand zu einem möglichen Angreifer, der oft selbst mit Distanzwaffen wie Bogen oder Armbrust nicht mehr zielgenau getroffen werden konnte (Welsburg/Südtirol, 12. Jahrhundert, zweimal aufgestockt). Als letzter Rückzugsort spielte der Bergfried nur in Ausnahmefällen eine Rolle. Nicht für eine dauerhafte Bewohnung eingerichtet und abgetrennt von jeder Wasserversorgung, wäre er bei einer Eroberung der Burg rasch zu einer Mausefalle geworden.

Entsprechend der primär zivilen Nutzung der Burg als Adelssitz ist der hoch aufragende und weithin sichtbare Bergfried als Herrschaftszeichen zu interpretieren. Zu den wichtigsten Funktionen des Bergfrieds gehörte das Sehen und Gesehen-Werden. Mit seiner doppelten Aufgabe als (militärischer) Wachturm und (zivilem) Herrschaftszeichen ist der Bergfried ein Sinnbild für die mittelalterliche Burg insgesamt.

Mitte: Neipperg (Baden-Württemberg), Mauertreppe und Wendeltreppe, Anfang 13. Jh.

Stein am Rhein (Schweiz), Kamin mit hölzernem Funkenschirm im Bergfried

GÄRTEN UND TURNIERPLÄTZE

In enger Verbindung mit der zivilen Funktion der Burg als Adelswohnsitz stehen zwei Außenbereiche, die in vielem dem Bereich der „Freizeit" zuzurechnen sind: Gärten und Turnierplätze. Beide gehören nicht zu den zwingenden Bestandteilen einer Burg, waren aber zumindest in kleiner Form in bzw. im Umkreis fast jeder Burg vorhanden, wenngleich heute nur noch Spuren im Gelände ihre ursprüngliche Existenz verraten. Weder im deutsprachigen Raum noch im übrigen Europa haben sich mittelalterliche Burggärten und Turnierplätze in Originalform erhalten. Mit Hilfe von archäologischen Grabungen, Untersuchungen von Landschaftshistorikern, Archäobotanikern, bildlichen Darstellungen und Beschreibungen können die Reste von Gärten und Turnierplätzen jedoch vielfach rekonstruiert werden.

Für die Durchführung eines Turniers war eine größere Freifläche nötig, die bei sehr großen Anlagen innerhalb des Burgareals denkbar ist (z. B. Vorhof der Burg Beseno im Trentino, 15./16. Jahrhundert), zumeist jedoch in unmittelbarer Nachbarschaft zu finden war. Für kleinere sportliche Wettkämpfe und Spiele reichten auch kleinere Flächen aus. Reguläre Turniere gab es ab dem 12. Jahrhundert. Sie dienten der kriegerischen Ertüchtigung wie dem sportlichen Kräftemessen der adligen Teilnehmer und waren zugleich gesellschaftliche Ereignisse. Der sportlich-gesellige Aspekt tritt im Spätmittelalter und der Renaissancezeit deutlicher hervor, als Turniere in Verbindung mit öffentlichen Festlichkeiten auch in Städten veranstaltet wurden. Dabei konnte praktisch jede mögliche Fläche zu einem Turnierplatz umfunktioniert werden. In Kassel wurden Turniere und Schaukämpfe im 16. Jahrhundert im Schlosshof, bevorzugt jedoch auf der „Rennbahn" vor den Toren des Schlosses durchgeführt. In den meist eng bebauten Höfen mittelalterlicher Burgen werden derartige Großveranstaltungen aber wohl nie stattgefunden haben.

Gärten konnten im Mittelalter je nach Aufgabe und dem zur Verfügung stehenden Platz ganz verschiedene Formen besitzen. Hinsichtlich der Funktion werden schon in der mittelalterlichen Literatur zwei Arten von Gärten unterschieden, Lustgärten und Nutzgärten. Während Nutzgärten gewissermaßen standesübergreifend waren und ebenso bei Bauernhäusern wie innerhalb von Städten zu finden sind, waren Lustgärten zunächst ein Privileg des Adels, das sich im Spätmittelalter auf Patrizier und wohlhabende Bürger ausweitete. Zumindest ein kleiner Nutz- und Lustgarten war bei jeder Burg vorhanden, selbst wenn man bei beengten Felsenburgen nur einen kleinen Terrassenvorsprung für die Anlage einer Gartenecke zur Verfügung hatte. Nutzgärten, speziell die so genannten „Kräutergärten" dienten zur Versorgung mit frischem Gemüse und Kräutern, die vielfach auch die Funktion einer „Hausapotheke" besaßen.

Der große Platz in der Vorburg von Castel Beseno (Trentino) könnte als Turnierplatz gedient haben.

Liebesgarten-Teppich, Nürnberg, um 1460 (Germanisches Nationalmuseum, Nünberg)

Lustgärten waren hingegen Orte der Erholung, die vor allem im Sommer als Aufenthaltsorte zum geselligen Beisammensein genutzt wurden. Bei Burgen im Flachland oder leichten Hügelgebieten finden sich oft mehrere abgegrenzte Gartenbereiche für die verschiedenen Funktionen nebeneinander, die sich in einigen Fällen zu regelrechten Landschaftsparks ausweiten konnten, die für adlige Freizeitvergnügen wie die Jagd genutzt wurden und bisweilen auch Turnierplätze enthielten.

ZUSAMMENFASSUNG

Mit den Gärten und Turnierplätzen ist der Rundgang durch die Geschichte und die bauliche Entwicklung der mittelalterlichen Burg wieder im Außenbereich und damit gewissermaßen an seinem Ausgangspunkt angelangt. Die ideale „Besichtigung" der verschiedenen Elemente und ihrer Erscheinungsformen hat deutlich gemacht, dass es „die Burg" nicht gibt. Die mittelalterliche Burg, ob im deutschsprachigen Gebiet oder in anderen Ländern, ist kein immer wiederkehrendes Bauwerk von gleicher Größe und Erscheinung, sondern eine Bauform, die sich im Laufe der Geschichte wesentlich gewandelt hat. Der Reichtum der baulichen Möglichkeiten wird in keinem anderen Gebiet so deutlich wie in den Ländern, die im Mittelalter zum Deutschen Reich gehörten. Das verbindende Merkmal der „deutschen Burgenlandschaft" ist ihre Vielfalt, hervorgerufen durch eine große geographische Vielgestaltigkeit und eine politische Mannigfaltigkeit, die es in diesem Umfang in anderen europäischen Ländern nicht gegeben hat. Ebenso vielfältig wie die architektonischen Formen war auch das Leben in der Burg.

Rappottenstein (Niederösterreich), Burganlage mit Torzwinger, Vorburg und Kernburg

ALLTAG IN DER BURG: RITTER-ROMANTIK UND RITTERREALITÄT

Ebenso interessant wie die Architektur vieler Burgen ist auch die Frage, wie viele Personen dort gelebt haben und wie das Leben auf einer Burg im Mittelalter aussah. Eine pauschale Antwort auf diese Frage gibt es nicht. Die Lebensweise und Wohnkultur hat sich während der rund 1000 Jahre, die das Mittelalter umfasst, erheblich gewandelt. Der Adel war kein homogener Stand, sondern reichte vom einfachen Ritter und Grundherren über vermögende Ministerialen, Vögte und Grafen bis zum Hochadel mit Markgrafen und Herzögen, aus deren Reihen der König bestimmt wurde. Wie die vielfach autobiographischen Dichtungen und Lebensdokumente des Tiroler Ritters Oswald von Wolkenstein (1377–1445) zeigen, war der Lebensstandard des niederen Adels bescheiden und unterschied sich kaum von denen eines besser ge-

stellten Bauern oder ländlichen Handwerkers. Hingegen herrschte an den Höfen des Hochadels oft eine äußerste Prunkentfaltung und größtmöglicher Wohnkomfort.

Die „normalen" Burgen, d. h. Anlagen mit Wohnbau oder Wohnturm sowie angrenzenden Wirtschaftsbauten, sind als Wohnsitz für eine Adelsfamilie und ihre Bediensteten eingerichtet. Es werden daher kaum mehr als 10–15 Personen permanent auf einer solchen Burg gelebt haben, in kleinen Anlagen eher noch weniger. Die mittelalterliche Adelsfamilie war den überlieferten Quellen zufolge zumeist eine Kleinfamilie, im Durchschnitt umfasste sie die Eltern und maximal vier Kinder, da viele Kinder infolge unzureichender Ernährung, mangelnder medizinischer Versorgung und Hygiene bereits im Säuglings- oder Kleinkindalter starben. Zur Familie des Burgherrn kamen

Mit höfischen Wandmalereien, hier einem Reigentanz, verwirklichten die bürgerlichen Besitzer von Runkelstein ihren Traum einer Adelsburg (um 1400).

Die älteste Ansicht von Runkelstein zeigt den Innenhof der Burg mit einem Bediensteten und der Küchenmagd, Wandmalerei im westlichen Wohnbau, um 1390.

möglicherweise nähere Verwandte, die zeitweilig oder permanent auf der Burg lebten.

Die Zahl der Bediensteten war gering und umfasste Personal für den Haushalt, die Küche, die Wirtschaftshöfe und vielleicht eine Wache; nur höherstehende Adlige hatten persönliche Bedienstete. Eine Ausnahme bildeten die Knappen, also gewissermaßen Ritter-Auszubildende, die jedoch häufig aus dem erweiterten Familienkreis des Burgherrn stammten. Je größer die Burg, umso größer war die Zahl der Bewohner, des Gefolges und des Personals. Dabei ist zu bedenken, dass der König, die Landesherren, aber auch viele kleinere Adlige mehrere Burgen und damit Wohnsitze innehatten, die sie bisweilen nur für wenige Tage oder Wochen im Jahr aufsuchten. Während der übrigen Zeit war die Burg dem permanent dort lebenden Verwalter (Burggrafen) unterstellt und das Personal wie die Besatzung auf das Nötigste beschränkt.

Wo lebten die Personen auf der Burg?

Auch die kleinsten Burgen verfügten über eine differenzierte Raumgliederung mit einer Trennung von Funktionsbereichen. Unterschieden wurden die wichtigsten Wohnräume Kammer bzw. Schlafkammer, Stube und Saal. Bei kleinen Burgen, die nur über einen kleinen Wohnbau bzw. Wohnturm verfügten, findet sich oft nur ein Raum jeden Typs, maximal eine zweite Kammer. In diesem Fall ist davon auszugehen, dass die ganze Familie zusammen in diesen Räumen lebte, d. h. einen gemeinsamen Schlafraum und einen Aufenthaltsraum besaß, in dem meist auch die Mahlzeiten eingenommen wurden, sofern bei größeren Versammlungen dazu nicht der Saal gebraucht wurde. War eine zweite Kammer vorhanden, so wurde sie vom Burgherren für Verwaltungsaufgaben genutzt. Der begrenzte Wohnraum legt nahe, dass die meisten Räume mehreren unterschiedlichen Nutzungen zur Verfügung standen. Dies betraf nicht nur die kleinen Adelssitze, sondern auch die Burgen und Schlösser der Herrscher. Die prinzipielle Multifunktionalität mittelalterlicher Wohnräume äußert sich nicht zuletzt in der in Quellen überlieferten Raumausstattung.

Wie lebten sie? Mobile und feste Bestandteile der Raumausstattung

Es ist keine einzige mittelalterliche Raumausstattung erhalten geblieben. Die meisten „mittelalterlichen" Möbel und Interieurs auf Burgen stammen heute aus dem Historismus, vielleicht ergänzt um einige Stücke aus der frühen Neuzeit. Die wenigen erhaltenen Originale gehören fast alle dem Spätmittelalter an. Sie erlauben im Verbund mit bildlichen Darstellungen und Inventarbeschreibungen zumindest eine ungefähre Vorstellung vom Aussehen eines Burginterieurs. Für das Hochmittelalter ist man auf literarische Quellen angewiesen. In Ritterromanen wird immer wieder auch das Innere von Burgen beschrieben. Allerdings handelt es sich nicht um die Beschreibung eines realen Interieurs, sondern um ein Idealbild, das gleichwohl viele Elemente der Lebenswirklichkeit der Zeit aufgreift und gewissermaßen eine ideale Wirklichkeit entwirft.

Eine der wichtigsten literarischen Quellen zum hochmittelalterlichen Mobiliar ist der Parzival-Roman in der französischen Urfassung des Chrétien de Troyes (tätig um 1165/ 1190) und seiner althochdeutschen Bearbeitung durch Wolfram von Eschenbach (um 1200). Der Roman, der den Werdegang des jungen Par-

Albrecht Dürers „Mariengeburt" (1511) zeigt einen großen saalartigen Schlafraum, der die Funktionen Wohnen und Schlafen vereint.

Die festliche Tafel wurde im Mittelalter mit einem üppigen weißen Tischtuch bedeckt. Miniatur im „Codex Aureus von Echternach" (f. 78r, Ausschnitt).

zival vom Bauerntor zum Artusritter und Gralskönig schildert, enthält zahlreiche Beschreibungen von Burgen und Innenräumen, die eine Vorstellung von den Möglichkeiten der Raumausstattung und des Lebens auf der Burg im Hochmittelalter vermitteln. Auch wenn es auf den kleinen Adelssitzen sicher nicht so prächtig zugegangen ist wie in der Gralsburg oder am Artushof, so entsprechen der Umgang mit dem Mobiliar und die Raumfunktionen grundsätzlich der Realität der Zeit. Die wichtigste Erkenntnis ist die grundsätzliche Multifunktionalität mittelalterlicher Burgräume. Man verfügte über wenige Räume und Mobiliar, die mit wenigen Handgriffen und Zutaten dem Anlass entsprechend umgewandelt werden konnten. So gab es selbst auf der Gralsburg keinen eigenen Speiseraum, vielmehr wurde hierzu der Saal benutzt, in dem zunächst der Empfang der Gäste stattgefunden

hatte. Chrétien de Troyes schildert mit den Augen Parzivals die Vorbereitungen zum Nachtmahl in der Gralsburg:

„Der Herr befahl alsdann Wasser zu bringen und den Tisch zu decken. Die Diener taten wie ihnen geheißen. […] Andere Diener stellten zwei Gestelle auf, die aus kostbarem Ebenholz gefertigt waren. Es stand im Ruf unvergänglich zu sein, niemals Feuer zu fangen oder zu faulen. Auf diese Gestelle haben die Diener das Tischbrett gelegt, und auf dem Tischbrett das Tischtuch ausgebreitet. Was kann ich über dieses Tischtuch sagen? Nie wird ein Legat, nie ein Kardinal noch ein Papst von einem weißeren Tischtuch essen!" *(übersetzt nach: Foucher/Ortais 1974, S. 95)*

Die Episode schildert einen alltäglichen Vorgang auf einer Burg: Tische wurden bei Bedarf für eine Mahlzeit aufgestellt, gedeckt, und nach Ende

145

des Essens wieder entfernt. Ein Nachklang für diese Praxis findet sich in dem französischen Ausdruck „dresser la table", der sowohl einen Tisch aufstellen wie eindecken bedeutet. Auch der Ausdruck „eine Tafel aufheben" geht auf die mittelalterliche und frühneuzeitliche Praxis zurück, am Ende der Mahlzeit den Tisch buchstäblich „aufzuheben" und zur Seite zu stellen, um Platz für andere Aktivitäten zu schaffen.

Wie viele andere Möbel waren auch Tische im Mittelalter Multifunktionsmöbel, die je nach Anlass als Mittelpunkt einer Tisch- oder Gesprächsrunde, zum Schreiben, Arbeiten oder als Ablage genutzt werden konnten. Simple Formen und Materialien waren nicht notwendig ein Hinweis auf die niedere soziale Stellung oder den Reichtum des Besitzers. Tische waren sehr wandlungsfähig; mit einer strahlend weißen Decke wie im Parzival-Roman oder einem golddurchwirkten Stoffüberwurf ließ sich aus einem Gebrauchstisch ein Prunkmöbel zaubern. Weit mehr als die Tische selbst war die in adligen Haushalten vorhandene Tischwäsche ein Zeichen von Reichtum und ein Statussymbol.

Textilien spielten nicht nur zum Eindecken eines Esstisches eine wichtige Rolle, sie waren in nahezu jedem Raum ein wichtiger Bestandteil des Mobiliars und trugen entscheidend zur Vielgestaltigkeit der Raumausstattung in Burgen bei. Betrachtet man Publikationen zu mittelalterlichen Möbeln, so entsteht der Eindruck, dass es im Mittelalter außer einigen Truhen, Bänken und Stühlen

eigentlich gar keine Möbel gegeben hat und mittelalterliches Wohnen eine äußerst unbequeme Angelegenheit gewesen sein muss. Hingegen werden in höfischen Romanen, in Buchmalereien und Wandbildern reich ausgestattete Interieurs geschildert, die ein ganz anderes Bild entwerfen. Die Realität der mittelalterlichen Wohnkultur wird zwischen diesen beiden Polen zu suchen sein, wie nicht zuletzt spätmittelalterliche Burginventare bestätigen.

Truhe, Tisch und Stuhl sind nur ein Teil dessen, was das Mobiliar im Mittelalter ausmachte. So bestand ein großer Teil der Einrichtung aus Textilien, etwa Bettvorhängen, Wandteppichen, Stoffbespannungen für Stühle oder Baldachine. Da jedoch die Stoffe schneller als Holz und Metall dem Verschleiß und veränderten Moden zum Opfer fielen, haben sie sich nur sehr selten erhalten. Die hölzernen Bestandteile hingegen wurden entweder entsorgt oder anders weiterverwendet. Das Aussehen, der Gebrauch und vor allem die Wertschätzung der „Textilmöbel" lässt sich heute nur noch aus Bilddarstellungen und Inventaren rekonstruieren. Das ungeheure Prestige und die Bedeutung von textilem Mobiliar geht etwa aus einem 1492 erstellten Inventar von Lorenzo de Medicis Villa in Careggi hervor. Dort ist ein kostbares, mit Schnitzereien und Intarsien verziertes Prunkbett aufgeführt, der zugehörige Stoffbaldachin ist mit dem dreifachen Wert verzeichnet.

Oft vergessen wird eine wichtige Möbelgattung, die auf jeder Burg zu finden war: die „Einbaumöbel". Neben Wandschränken und Wandni-

Im Hintergrund der Verkündigung an Maria hat der Maler ein „Textilbett" mit schweren roten Vorhängen dargestellt. Augsburg, letztes Viertel 15. Jahrhundert (Germanisches Nationalmuseum, Nürnberg)

schen nutzte man Mauervorsprünge als Ablageflächen, Fenstersitzbänke dienten als Sitzmöbel, Bettnischen als Unterlage für eine Matratze. Trotz ihrer Bedeutung für die mittelalterliche Wohnkultur werden Einbaumöbel meist nicht als gleichwertige Möbel wahrgenommen, wohl weil sie nur schwer gesammelt wer-

den können und aus diesem Grund auch für den Antiquitätenhandel nicht von Interesse sind. Nur von Seiten der Bauforschung existieren einige Untersuchungen (vgl. Grebe/Häffner 2005).

Früher wie heute diente das Wohnmobiliar zunächst der Erfüllung der Grundfunktionen: Sitzen, Liegen,

Aufbewahren, Essen und Arbeiten. Das entsprechende Mobiliar bildete die Basis-Einrichtung in fast jedem mittelalterlichen Haushalt vom Bauern-, bis zum Bürger- oder Adelshaus. Unterschiede bestanden in der Zahl der Möbel, der Form und Dekoration sowie dem Material, die neben Stand und Vermögen auch zeitliche und regionale Moden widerspiegeln. Dabei folgen „Repräsentationsmöbel" in einem gehobeneren Wohnumfeld eher modischen Veränderungen als „Gebrauchsmöbel", die in Form und Dekor konservativer waren – eine einfache Sitzbank,

ein Schemel oder Tisch besitzen heute noch dieselbe Form wie vor 500 oder 800 Jahren.

Ordnet man das mittelalterliche Mobiliar nach funktionalen Kriterien, so tauchen in der Gruppe „Aufbewahren" neben Truhen auch Wandregale auf, in der Gruppe „Sitzen" neben Stühlen und Bänken auch Fenstersitzbänke und Sitzkissen.

Sitzmöbel

Im Mittelalter gab es eine Fülle von verschiedenen Sitzmöbeln, vom einfachen Hocker bis zum Thron, von der schmalen Bank bis zur breiten

Der Nürnberger Meister des Landauer-Altars hat die mystische Verlobung der hl. Katharina in ein spätmittelalterliches Interieur versetzt. Auf der rechten Seite findet sich ein Wandregal mit verschiedenen Gefäßen, (Germanisches Nationalmuseum, Nürnberg).

Im Hintergrund der Verkündigung ist eine Fensterbank mit rotem Stoffbehang und Sitzkissen zu sehen. Meister der Lyversberger Passion, Köln, um 1464, (Germanisches Nationalmuseum, Nürnberg)

Fenstersitzbank, vom Stuhl bis zum Sitzkissen. Auch die Materialien sind entsprechend vielfältig, neben Holz fanden Metall, Stein, Leder und Stoff Verwendung. Dabei wurden viele Formen, etwa Schemel oder Faltstühle, im Mittelalter nicht neu erfunden, sondern aus der Spätantike übernommen.

Die kleinste und einfachste Form des Sitzmöbels ist der Hocker oder Schemel. Entsprechend hoch war offensichtlich der Verschleiß, denn es haben sich nur sehr wenige Exemplare erhalten. Hocker konnten komplett aus Holz bestehen oder mit einer Sitzfläche aus anderem Material, Stoff, Stroh oder geflochtener Baumrinde, versehen sein. Schemel

Bei diesem Scherenstuhl lässt sich die Rückenlehne abnehmen, um den Stuhl zu klappen (Germanisches Nationalmuseum, Nürnberg).

dienten in Adelshaushalten durchaus als vornehme Sitzgelegenheiten und waren in großer Zahl vorhanden. Die weichere Alternative zum Hocker waren dicke Kissen, die auf den Boden gelegt werden konnten oder auf Fensterbänken für mehr Bequemlichkeit sorgten.

Stühle waren im Mittelalter eher selten. Sie besaßen mit ihren Arm- und Rückenlehnen ein auszeichnendes Merkmal und waren überwiegend Würdepersonen vorbehalten, sowohl in der Kirche wie im profanen Umfeld. Kalenderminiaturen zeigen beispielsweise den Herrscher oder Hausherren, der in einem Lehnstuhl vor dem Kamin oder an einer Tafel Platz genommen hat. Deutlich wird die mittelalterliche „Semiotik des Sitzmöbels" auch bei den verschiedenen Darstellungstypen der Madonna. Während der Typus der De-

Die romanische Madonna thront in einem Lehnstuhl. Südtirol, um 1230 (Germanisches Nationalmuseum, Nürnberg)

Bei dieser Drehbank lässt sich die Lehne wenden. Unter dem Sitz ist ein verschließbares Fach zur Aufbewahrung von Gegenständen verborgen. Im Hintergrund steht ein spätgotischer Kachelofen (Germanisches Nationalmuseum, Nürnberg).

mutsmadonna bei der Verkündigung oft auf einem niedrigen Hocker oder Kissen am Boden sitzt, thront die Madonna als Himmelskönigin in einem Lehnstuhl.

Eine leichtere Variante des Lehnstuhls ist der Faltstuhl, der in vielen Darstellungen als Herrscher- oder Richterstuhl auftaucht. Als Hausmöbel sind Falt- oder Scherenstühle erst ab dem späten 15. und 16. Jahrhundert verbreitet. Sie besaßen den Vorteil, dass die Rückenlehne nicht fest montiert, sondern an den Armlehnen eingesteckt ist. Wie heutige Klappstühle, sind sie leicht und Platz sparend wegzuräumen und waren damit in mittelalterlichen Adelshaushalten an vielen Orten einsetzbar.

Ein weiteres sehr verbreitetes Sitzmöbel ist die Bank, die man von der Konstruktion her als langgezogenen Hocker oder Stuhl bezeichnen könnte. Diese „Massenhocker" dienten als Sitzgelegenheit für mehrere gleichrangige Personen, etwa bei Gastmählern, oder waren als Sitz- und Ablageflächen entlang der Wand aufgestellt. Eine besonders raffinierte, im Spätmittelalter entwickelte Form ist die Bank mit Dreh- oder Kipplehne, die das Verrücken der schweren Bank ersparte, wenn der Benutzer etwa nicht mit dem Rücken, sondern frontal zum Feuer sitzen wollte.

Im Gegensatz zu den bisher genannten Hockern, Stühlen und Bänken waren Fenstersitzbänke fest installiert. Architektonische Voraussetzung für ihre Anbringung war ein Steinbau. Fenstersitze sind damit ein Merkmal gehobener Wohnkultur, wie sie in Burgen vorhanden war. Durch ihre Nähe zum Fenster waren es die hellsten Plätze im Raum. Wie auf Inte-

Der Maler Gabriel Mäleßkircher hat die Fußwaschung Christi im Hause des Simeon in einen spätmittelalterlichen Innenraum versetzt. Christus sitzt auf einer Drehbank (Germanisches Nationalmuseum, Nürnberg).

rieurdarstellungen zu erkennen ist, waren die steinernen und hölzernen Sitzmöbel meist üppig mit Textilien bedeckt, die neben der Bequemlichkeit auch die Funktion eines Statussymbols besaßen und vom Komfort her die Vorläufer der erst ab dem 17. Jahrhundert verbreiteten Sofas und Kanapees bilden. Im Unterschied zu diesen konnten viele mittelalterliche Sitzmöbel auch zu anderen Zwecken dienen, beispielsweise zur Aufstellung von Gefäßen oder zur Aufbewahrung. In diesem Fall war unter dem Sitz ein verschließbarer Kasten verborgen, in dem z. B. Wertsachen und Dokumente verwahrt werden konnten.

Aufbewahrungsmöbel

Das wichtigste Aufbewahrungsmöbel im Mittelalter war die Truhe, die bis weit in die Neuzeit hinein in allen Gesellschaftsschichten in Gebrauch war. Sie besteht zumeist aus einem rechteckigen Holzkasten mit einem vorne verschließbaren Deckel und seitlichen Griffen. Die Grundkonstruktion hat sich von den ersten vollständig erhaltenen Truhen aus dem 12. Jahrhundert bis heute nicht geändert. Unterschiede bestehen vor allem bei der Verzierung, der Form der Stützen und des Deckels sowie den Beschlägen, aber auch der inneren Aufteilung mit Fächern für bestimmte Gegenstände. Grundsätzlich wurden in den häufig mit mächtigen Schlössern versehenen Truhen alle Arten von Objekten aufbewahrt, in gehobenen Haushalten jedoch neben Wertgegenständen besonders häufig Kleidung und Textilien sowie Bücher und Schriftstücke. Kleine Gegenstände,

Wandschrank in der als „Badestube" bezeichneten Kammer im westlichen Wohnbau der Burg Runkelstein

etwa Schmuck, wurden meist zusätzlich in kleinen Kästchen verwahrt, die dann in die Truhe gelegt wurden. Auch die Truhe war ein Multifunktionsmöbel. Das Gegenstück zur

Salzburger Truhen um 1500 zeichnen sich durch einen üppigen Schnitzdekor mit Lilienmotiven aus (Germanisches Nationalmuseum, Nürnberg).

Der zweigeschossige Schrank stammt wahrscheinlich aus der Stadtpfarrkirche in Sterzing (Südtirol) und ist fast 3 m hoch (Germanisches Nationalmuseum, Nürnberg).

Bank mit eingebautem Kasten ist die mit einem großen Kissen oder Teppich bedeckte Truhe, die als Sitzgelegenheit oder Ablage gebraucht werden konnte, wie auf vielen mittelalterlichen Darstellungen zu erkennen ist.

Zur Aufbewahrung und Aufstellung wertvoller Besitztümer gab es neben der Truhe weitere Möbel. Lange bevor „richtige" Schränke in gehobenen Privathaushalten im 16. und 17. Jahrhundert üblich wurden, gab es Wandschränke auf Burgen. Sie waren neben Truhen und Truhenbänken das wichtigste Behältnismöbel im Mittelalter. Während Truhen vor allem der Aufbewahrung von Textilien, Büchern und Schriftstücken dienten, wurden andere Objekte in Wandnischen und -schränken aufgestellt und damit gleichzeitig ausgestellt. Diese Wandschränke konnten durch einen textilen Vorhang oder Holztüren verschlossen und das Sammlungsgut damit gesichert werden. „Richtige" Schränke waren im Mittelalter als Aufbewahrungsmöbel weitaus weniger verbreitet als Truhen, die einfacher herzustellen, leichter zu transportieren und multifunktionaler, etwa als Sitz- oder Ablagefläche nutzbar waren. In den meisten Burgen war der Besitz an Hausrat vermutlich nicht umfangreich genug, als dass sich die Anschaffung von Schränken gelohnt hätte. Vor dem 16. Jahrhundert finden sich Schränke fast nur im kirchlichen Bereich, etwa als Sakristeischränke.

Zusätzlich zu den Truhen und Wandschränken entwickelten sich im Spätmittelalter verschiedene Arten von kleineren Aufbewahrungsmöbeln. Zu diesen modischen Schränkchen gehört der sogenannte Stollenschrank, bei dem das Schränkchen auf Beinen oder Stelzen ruhte, die in der Regel durch eine untere Platte verbunden waren, die als zusätzliche Ablagefläche genutzt werden konnte. Bei ihnen handelt es sich um meist reich verzierte Aufbewahrungsmöbel für wertvolleres Kleingerät und zusätzlich in kleine Kästchen verpackte Dinge, die man in Reichweite sicher verschließen wollte. Stollenschränke gehörten weniger zum Gebrauchsinventar, sondern waren Luxusmöbel. In den meisten Burginventaren wird man vergeblich nach ihnen suchen.

Stollenschränke konnten, je nachdem, was man in ihnen aufbewahrte, in verschiedenen Räumen aufgestellt werden. Interieurbilder zeigen sie zum einen in Schlafkammern, was insofern Sinn macht, als dass der Besitzer seine Pretiosen nahe bei sich hatte. Die Schränkchen lassen sich, wie das Beispiel des unter dem Titel „Leipziger Liebeszauber" bekannten Gemäldes zeigt, aber auch in Stuben finden, wo ihre reiche Verzierung gut zur Geltung kam. Der Funktion als Repräsentativmöbel kam auch die Möglichkeit der Ablagefläche, zum einen auf dem unteren Brett, zum anderen auf der oberen Platte entgegen, auf denen sich wertvolles Geschirr und Gefäße wirkungsvoll arrangieren ließen.

Zur Präsentation von wertvollem Hausgerät und Geschirr entwickelte sich im späten Mittelalter das Büffet oder die Kredenz. Diese Anrichten besitzen einen stufenförmigen Aufbau, dank dem eine größere Zahl an Geschirr und Gefäßen präsentiert werden konnte. Die Berichte von den glanzvollen Festen am burgundischen Herzogshof belegen diese Funktionsvielfalt des Stollenschranks zwischen Aufbewahrungs- und Ausstellungsmöbel. Am Burgunderhof dienten solche in den Quellen als „dressoir" bezeichneten Möbel auch zum Anrichten der Speisen bei Banketten. Bei der „Jahrhunderthochzeit" von Herzog Philipp dem Guten mit Isabella von Portugal 1430 wurden im Saal des Brügger Stadtpalasts sechs Anrichten für die verschiedenen Speisen des Galadiners aufgebaut:

Trient (Trentino), Castello del Buonconsiglio, Wandgemälde mit Darstellung eines Büfets, um 1530

Eine Weiterentwicklung des Stollenschranks ist der Überbauschrank, der im 16. Jahrhundert in Deutschland verbreitet war (Germanisches Nationalmuseum, Nürnberg).

„… einer für die verschiedenen Suppen, einer für die Saucen und Gelees, zwei andere für die diversen Braten und für das Gebäck, wieder ein anderer für die Früchte und schließlich einer für die Zwischengerichte. In der Mitte stand eine große Hauptanrichte, die alle anderen überragte." *(übersetzt nach Régnier-Bohler, S. 1038)* Die Kredenzen konnten neben dem Aufstellen der Speisen auch zur Präsentation des Prunkgeschirrs dienen, wie ein Augenzeuge anlässlich eines anderen burgundischen Festbanketts 1454 berichtet:

„Im Saal, in der Nähe des Fürstentisches, befand sich eine hohe, sechsstufige Anrichte, auf der sich das höchst edle und reiche goldene und silberne Geschirr befand, mit Krügen, Karaffen, Schalen, Deckeln, Kristallgläsern, in allen Farben und Formen, bemalt mit Gold und geschmückt mit feiner Goldschmiedearbeit. Um die Anrichte herum befanden sich Absperrungen aus Holz, die niemand übersteigen durfte, mit Ausnahme derjenigen, die den Wein servierten." *(übersetzt nach Régnier-Bohler, S. 1038)*

155

Während die Inszenierung des Prunkgeschirrs am Burgunderhof als wahrhaftige Schaustücke auf einem bühnenartigen Riesenmöbel zugleich Teil der Tafel-Belustigungen und Ausdruck fürstlicher Magnifizenz war, gab es auch in weniger repräsentativen Räumen Möglichkeiten, wertvollen Besitz auf- und gleichzeitig auszustellen. Neben Möbeln, die sowohl die Funktion des Aufbewahrens bzw. Verschließens und Ausstellens boten, etwa Truhen und Schränkchen, existiert bis heute eine Möbelform, die nur der Funktion des Aufstellens dient: das Regal. Dabei handelte es sich im Mittelalter häufig nur um ein Regalbrett, das entlang der Wand oder selbst über der Tür angebracht war, wo dann der Aspekt des Schutzes und des Ausstellens vor dem der Erreichbarkeit der Objekte stand.

Mittelalterliche Regale besitzen heute Seltenheitswert, da es sich um Gebrauchsmöbel handelte, deren Bretter nach einer Demontage auch für andere Zwecke nutzbar waren. Nachweisbar sind sie auf Burgen nur noch mit Hilfe der Bauforschung, die z. B. die Löcher für die Wandhalterung feststellen kann (vgl. Grebe/Häffner 2005). Neben hölzernen Regalbrettern gab es auch die „eingebaute" Variante, d. h. ein Mauervorsprung wurde wie ein Regal als Ablagefläche genutzt.

Schreib- und Esstische

Die Grundform eines Tisches hat sich seit dem Mittelalter nicht wesentlich geändert. Wie heute gab es auch im Mittelalter eine Fülle an verschiedenen Tischformen, je nach Zeit, Funktion, Vermögen und Geschmack des Besitzers. Der Fülle an Tischen, die es in mittelalterlichen Haushalten gegeben haben muss, steht eine verschwindend geringe Zahl an erhaltenen Realien gegenüber. Erhalten haben sich vor allem die massiveren, entsprechend reich ornamentierten Exemplare, während simplere Formen selten überlebt haben. Dabei haben einfache Formen nicht unbedingt etwas mit der sozialen Stellung oder dem Vermögen des Besitzers zu tun. Wie bei dem eingangs erwähnten Beispiel aus dem Parzival-Roman zu sehen war, waren Tische im Mittelalter sehr wandlungsfähig: Mit einem blendend weißen Leinentuch oder einem golddurchwirkten Stoffüberwurf ließ sich auch ein Gebrauchstisch in ein Prunkmöbel verändern.

Kastentisch aus dem frühen 16. Jahrhundert mit üppigem Schnitzdekor (Germanisches Nationalmuseum, Nürnberg)

*Echternacher Codex.
Der Evangelist
Markus thront
zwischen einem
Schreibpult und
einem Buchständer
(Germanisches
Nationalmuseum,
Nürnberg).*

Mit einer entsprechenden Decke ließen sich sicherlich auch massivere Kastentische in einen Esstisch verwandeln. Der Name Kastentisch beruht auf dem kastenartigen Fach, das unter der aufklappbaren Tischplatte verborgen ist und zumeist zur Aufbewahrung von Schreibutensilien und Dokumenten diente. Wie viele Möbel waren auch Tische im Mittelalter Multifunktionsmöbel, die entsprechend dem Anlass mit einem anderen Aufstellungsort und Überwurf als Mittelpunkt einer Tisch- oder Gesprächsrunde, zum Schreiben und Arbeiten oder als Ablage genutzt werden konnten.

Spätmittelalterliche Schreibtische konnten verschiedene Formen an-nehmen, von einfachen Pulten bis hin zu komplexen Einbau-Schreibecken, die allerdings nur in bildlichen Darstellungen überliefert sind. Grundsätzlich konnte, wie heute auch, jede Form von Tisch als Schreibfläche dienen, doch gab es auch spezielle Schreib- bzw. Studiermöbel im Mittelalter. Die einfachste Form bestand aus einem Pultständer, der auch als Teil komplexerer Schreib-Einheiten auftaucht. Das „normale" spätmittelalterliche Schreibmöbel, wie es sicher auch einem Burgherren bzw. seinem Schreiber bei seiner Verwaltungsarbeit und Korrespondenz half, war ein einfaches Pult mit einer schiefen Schreibfläche. Es hatte für gewöhnlich keinen Ständer und konnte damit leicht transportiert und auf jeder Art von Tisch oder Unterlage eingesetzt werden, wie Bilddarstellungen zeigen.

Schlaf- und Liegstätten

Auch das mit dem Funktionsbereich „Liegen" verbundene Mobiliar ist äußerst vielfältig. Das vielleicht abschreckendste Beispiel eines mittelalterlichen Bettes findet sich in einer Miniatur des französischen Malers Bourdichon zu den „Vier Ständen der Gesellschaft", die sehr einprägsam das Elend des „Standes der Armut" illustriert. Es handelt sich um ein einfaches, aus verschiedenen dicken Stäben zusammengefügtes Gestell, das mit Stroh gefüllt ist. Darüber hängt ein zerfetztes, an der Decke befestigtes Stück Stoff als Baldachin, das auch als Überwurf dient.

Dass man auch „schöner wohnen" konnte, zeigen zahlreiche Darstellungen von Schlafkammern und die wenigen überlieferten Bettstätten des 15. und 16. Jahrhunderts. In der spätmittelalterlichen Tafelmalerei finden sich in Zusammenhang mit Verkündigungs- oder Geburtsszenen im Hintergrund immer wieder prächtige Betten. Die Gemälde zeigen, dass es sich bei mittelalterlichen Betten hauptsächlich um Textilmöbel handelt. Ihre prunkvolle Wirkung beruht weniger auf der Kunst des Schreiners, als vielmehr auf der Pracht und Üppigkeit der Stoffe für Baldachine, Vorhänge, den textilen Rückwänden, Kissen und Überwürfen. Von der Konstruktion her sind die Baldachinbetten denkbar einfach, sie ließen sich grundsätzlich gut zerlegen und mitnehmen und waren daher einem hohen Verschleiß ausgesetzt. Bei den wenigen erhaltenen Baldachinbetten handelt es sich weitgehend um Rekonstruktionen unter Verwendung originaler Bestandteile.

Das gleiche gilt für die massivere Variante des Baldachinbetts, dem so genannten Kastenbett. Bei ihnen bestehen Betthaupt und Dach aus Holz, das mit Schnitzereien verziert ist, zunächst spätgotischen Maßwerkornamenten, später mit Dekorationen im Renaissancestil. Die einfachere Variante besitzt nur ein Betthaupt, dessen obere Kante zudem als Ablagefläche

Reifenstein (Südtirol), hölzerne Schlafkiste im Bergfried, 15./16. Jh.

Der Meister der Uttenheimer Tafel (tätig in Südtirol um 1460–80) stellte die Mariengeburt in einer Schlafkammer mit Kastenbett mit schweren Brokatvorhängen dar. Die Truhe vor dem Bett diente als Ablagefläche (Germanisches Nationalmuseum, Nürnberg)

für kleine Gegenstände, etwa eine Kerze, dienen konnte. Viele Betten standen nicht auf dem Boden, sondern auf einem breiten, kastenartigen Sockel, der zugleich als Sitzbank, Ablage und sogar als umlaufende verschließbare Truhenbank diente.

Auch beim Bett gab es bildlichen Darstellungen zufolge die Variante Einbaumöbel, indem es in eine Wandnische eingelassen war, die einen architektonischen Baldachin und Bettkasten bildet, der nach außen durch Vorhänge geschlossen werden kann. Es ist sehr wahrscheinlich, dass es solche Bettnischen

auch auf Burgen gab, doch existiert bislang keine systematische Untersuchung zu diesem Thema.

Nur noch über Inventare lassen sich einfache mobile Liegestätten wie eine auf den Boden gelegte Matratze nachweisen (vgl. Albrecht, S. 180–183). Sie konnte aus unterschiedlichen (Füll-)Materialien bestehen, die vom einfachen Strohsack bis hin zu Füllungen aus Tierhaaren oder Federn reichten. Durch solche Nachtlager ließ sich jeder Raum einer Burg, vor allem Säle und Kammern, in einen Schlafraum für Gäste und Bedienstete, aber auch Angehörige der

Familie des Herren verwandeln, wie das 1463 erstellte Inventar der Tomburg erkennen lässt (vgl. Wirtler, S. 188 und 194). Auf ein hölzernes Bettgestell gelegt, diente die Matratze als Auflage einer Bettstatt. Bei dem in den Inventaren häufig genannten „Spannbett" besteht der Bettboden aus gespannten Seilen oder Gurten. Bei den meisten der zahlreichen Betten, die in mittelalterlichen Burginventaren aufgeführt sind, wird es sich um solche einfachen Betten oder auch nur um Matratzen, möglicherweise auf einer Brettunterlage, gehandelt haben. Ähnlich wie bei den Sitzmöbeln, lässt sich auch bei den Liegestätten mittelalterlicher Burgen eine Art „Bett-Semiotik" aufstellen, die vom prunkvollen, reich mit Textilien geschmückten Baldachinbett in der Kammer des Herren über die einfachere Bettstatt für die Mitglieder der Herrenfamilie bis hin zur simplen Matratze für die Bediensteten reicht.

Die Praxis, mit einigen Handgriffen eine Kammer durch Aufstellen einer Bettstatt in ein Schafzimmer zu verwandeln, verdeutlicht eine Stelle im Parzival-Roman über die erste Nacht des Helden auf der Gralsburg. Sie unterstreicht die grundsätzliche Multifunktionalität mittelalterlicher Burgräume:

„Der Hausherr sprach zu dem Gaste da:/Das Lager ist euch wohl gemacht./Seid ihr müde, so ruht zur Nacht. Es ist Zeit, dass man gehe.'/Von des Wirts Ruhestatt/vor sich auf den Teppich trat/in schöner Haltung Parzival./Alle standen auf im Saal./Der Wirt bot ihnen gute Ruh./Man drängte auf

den Fremden zu;/ein Teil der Ritter führte ihn/zu einer Kemenate hin./Sie war wohl zu loben,/ein Bett hineingeschoben,/dass meine Armut mich verdrießt,/wo auf Erden solcher Reichtum sprießt./ Ihm war die Armut entwandt./Lohend wie ein Feuerbrand/lag Seide drauf mit buntem Mal./Die Ritter bat nun Parzival/ selbst auch zur Ruh zu gehn,/denn nur ein Bett sah er dort stehn./Sie grüßten und gingen fort." (zit. nach Mohr/Schafarschik: Wolfram von Eschenbach, Parzifal, Stuttgart 1970, S. 70, Vers 242)

Möbel für spezielle Funktionen

Neben dem Grundmobiliar gab es vor allem ab dem Spätmittelalter auch Möbel und Ausstattungsgegenstände für spezielle Funktionen, die der Beleuchtung, dem Heizen, dem Waschen und der Hygiene dienten, aber auch Möbel wie Kinderwiegen.

Die normale Waschgarnitur bestand vom Mittelalter bis ins 20. Jahrhundert aus einer Kanne und einer Schüssel. Diese sind auf Interieurdarstellungen besonders häufig als Bestandteile einer Waschnische zu finden, meist komplettiert, wie bei Dürers „Mariengeburt", ein Handtuchhalter die Ausstattung.

Hingegen gehörte die luxuriöse Variante der Waschgelegenheit, der Waschschrank, zur Ausstattung der Stube oder des Saals und war als Repräsentationsmöbel für den gehobenen Hausstand auch auf Burgen zu finden. Die stets hohen schmalen Waschmöbel besaßen im Unterteil ein verschließbares Schränkchen, darüber die eigentliche Waschgarnitur mit Wasserbehälter, Hahn und Becken, und darüber meist ein weiteres Schrankfach. Zu Waschschränken existieren auch einige der frühesten gedruckten Möbelvorlagen überhaupt, etwa ein vom Meister HG monogrammiertes Beispiel. Diese aus der ersten Hälfte des 16. Jahrhunderts stammenden gedruckten Möbelentwürfe geben jedoch eher Anhaltspunkte für das allgemeine Aussehen und die Dekoration, als dass sie für einen Schreiner eine wirkliche Hilfe bei der Konstruktion sind.

Mittelalterliche Möbel sind ein äußerst vielgestaltiges Thema, das eng mit der Wohn- und Lebenskultur zusammenhängt. Der Versuch, mit Hilfe von erhaltenen Möbeln, Sachquellen, literarischen Texten und bildlichen Darstellungen eine mittelalterliche Burgeinrichtung zu rekonstruieren, lenkt den Blick auch auf Aspekte der mittelalterlichen Einrichtungskunst, die vielfach übersehen werden: das textile Mobiliar und die Einbaumöbeln. Beide haben in hohem Maße die mittelalterliche Wohnkultur bestimmt.

Wand- und Raumgestaltung

Deren Reichtum beruhte neben dem Mobiliar und seinem Zusammenklang mit der textilen Ausstattung auch auf der je nach Funktion des Raumes unterschiedlichen Beleuchtung, bildlichen Ausmalung, Deckengestaltung, Vertäfelungen und Heizung. Die im deutschsprachigen Raum wohl dichteste Überlieferung mittelalterlicher profaner Wandmalereien und Raumausstattungen in Burgen findet sich im Alpenraum, speziell in Tirol, Südtirol und dem

Spätmittelalterlicher Waschkasten (Germanisches Nationalmuseum, Nürnberg).

Trentino. Mit den Burgen Rodenegg, Runkelstein, Tratzberg, der Trostburg und dem Castello del Buonconsiglio sind nicht nur besonders frühe, sondern auch künstlerisch herausragende Beispiele von Ausgestaltungen von Wohnräumen auf Burgen vom Hoch- bis zum Spätmittelalter in umfangreicher Form erhalten und zugänglich.

War auf Runkelstein nach der umfangreichen Renovierung der Burg ab 1390 nahezu jeder Raum mit Wandmalereien ausgestattet, besaßen in den meisten anderen Burgen wohl nur bestimmte Räume Fresken. Die Frage nach dem Zusammenhang von Malereien und Raumfunktion ist jedoch nur partiell zu beantworten. Aufgrund der mangelhaften Quellenlage, des ruinösen Zustands vieler Anlagen, späterer Umbauten und Veränderungen und der daraus resultierenden Vernichtung zahlreicher Wandmalereien können Rückschlüsse auf Raumtypen in Burgen und ihre Nutzungen nur mit Vorsicht gezogen werden (vgl. Stampfer 1980). Für einige besser erforschte Beispiele wie Runkelstein oder Trient sind dennoch Aussagen möglich.

Wandmalerei aus dem „Iwein-Zyklus" auf Burg Rodenegg

Vor mehr als 30 Jahren entdeckte man mit den Wandgemälde zur Iwein-Sage auf Burg Rodenegg das früheste Beispiel einer nahezu komplett erhaltenen profanen Raumausstattung in Tirol (vgl. Nössing 2003). Der um 1210 entstandene Zyklus umfasst 11 Szenen aus der Sage um den Artusritter Iwein, basierend auf dem ab 1200 verbreiteten Epos Hartmann von Aues. Der Iwein-Raum befindet sich in einem Erdgeschoss-Eckraum des südwestlichen Längsbaus der Burg, die zu dieser Zeit in Besitz der Herren von Rodank war, die Ministerialen der Bischöfe von Brixen waren. Der Raum war mit einem Eckkamin ausgestattet und diente daher vermutlich als kleiner Saal oder „Saal-Kammer" (vgl. Großmann/Grebe 2006). Mit dem Iwein-Zyklus, der sich auf die Darstellung der ersten erfolgreichen Abenteuer („aventiuren") des Ritters beschränkt, wählten die Auftraggeber einen beliebten und hochaktuellen Stoff der zeitgenössischen Unterhaltungsliteratur. Ungewöhnlich für einen derart umfangreich freskierten Raum ist die Erdgeschosslage. Sie findet sich jedoch ebenfalls beim etwas späteren Iwein-Zyklus im landgräflich-thüringischen Stadthof in Schmalkalden (um 1220/30). Üblicherweise sind aufwendig ausgestaltete Kammern und Säle eher in den oberen Geschossen angesiedelt.

1385 erwarben die vermögenden Bozner Bürger Nikolaus und Franz Vintler die nahe Bozen gelegene Burg Runkelstein und ließen sie mit hohem Aufwand in den folgenden Jahren zu einem mit allen Annehmlichkeiten versehenen Sommersitz umwandeln. Neben baulichen Erweiterungen („Sommerhaus") und Veränderungen wurden nahezu alle Innenräume und die Hoffassaden mit Fresken versehen. Die Malereien der beiden Wohnbauten waren Themen aus der adligen „Freizeitkultur" gewidmet. Dabei sind die figürlichen Szenen in ein illusionistisches Dekorationssystem eingebunden, das verschiedene Arten von Wandbehängen, Konsolen und Arkaden vortäuscht.

Besonders gelungen ist diese Dekoration bei der so genannten „Badestube" im 2. Obergeschoss des Westbaus, bei der es sich jedoch angesichts der fehlenden Heizmöglichkeit am ehesten um eine Kammer oder Schlafkammer gehandelt haben muss, zumal der Nebenraum, die heutige „Wappenkammer", an der Außenwand einen Aborterker besaß. Das 3. Obergeschoss war in einen großen und einen kleinen jeweils tonnengewölbten Saal unterteilt, die offenbar keine Heizmöglichkeit besaßen. Die Wandmalereien zeigen mit einem Reigentanz, Ballspiel, Jagd- und Turnierszenen sowie Paaren im Gespräch Themen der adligen Freizeit- und Unterhaltungskultur, wie sie um 1400 auch von Angehörigen des Bürgertums aufgegriffen wurde.

Die Vintler imitierten jedoch nicht nur die höfische Kultur, sondern wirkten auch selbst innovativ. Am Nordende des Burgareals errichteten sie einen mit allem Komfort ausgestatteten Neubau, das so genannte „Sommerhaus", dessen Erdgeschoss mit vier Arkaden zum Hof hin geöffnet ist. Der Raum stellt eine Mischung aus oberitalienischer Renais-

Kaminbeheizte Kammer im Obergeschoss des Sommerhauses auf Burg Runkelstein mit Fresken aus der Garel-Sage

sance-Loggia und mittelalterlichem Saal dar und lässt sich am treffendsten als „Arkadensaal" bezeichnen. Auch dieses Gebäude war innen und außen vollständig ausgemalt, wobei die Fresken überwiegend in der modischen Terraverde-Malerei ausgeführt wurden, die als besonders kostbar angesehen und bereits vom italienischen Kunsttheoretiker Cennino Cennini in seinem fast zeitgleich erschienenen Malereitraktat (1390) für die Ausstattung von Loggien empfohlen wurde. Wie sehr die Vintler damit den spätmittelalterlichen Geschmack trafen, zeigen die Aufenthalte Kaiser Maximilians I., der zu Beginn des 16. Jahrhunderts mehrfach auf Runkelstein weilte und das Appartement im Obergeschoss des Sommerhauses zu seinen persönlichen Wohnräumen wählte und dabei explizit Gefallen an den Darstellungen der Ritterromane, der „guten alten Istory", findet (vgl. Müller 2000).

Um die Frage nach dem Zusammenhang von Wandmalereien und Raumfunktion und damit nach der Bedeutung der Fresken beantworten zu können, ist es wichtig, sich über die ursprüngliche Sichtbarkeit Gedanken zu machen. Der heutige Rundgang durch die Burg entsprach aller Wahrscheinlichkeit nicht dem eines Besuchers vor rund 600 Jahren. Dabei war Runkelstein von den in Bozen wohnenden Vintlern als Sommersitz ausgestaltet worden, der als „Vorzeigeburg" für den Empfang von zahlreichen Gästen eingerichtet war. Eine strikte Trennung in private und öffentlichere Räume war im Mittelalter unüblich und wohl auch auf Runkelstein nicht vorhanden. Ein direkter Zusammenhang von Ikonographie, Maltechnik und Raumtyp bzw. Raumfunktion ist nicht erkennbar. Auch die Themenzusammenstellung tritt in ganz ähnlicher Form in anderen Adelsburgen der Zeit auf (z. B. Burg Lichtenstein/Vinschgau). Im Umfang des Bild-

Szene aus dem Jahreszeiten-Zyklus im Adlerturm von Castello del Buonconsiglio

programms und dem Aufgreifen modischer Techniken wie der Terraverde-Malerei besitzen die Runkelsteiner Wandmalereien jedoch Ausnahmecharakter.

Einen weiteren Sonderfall bilden die Fresken im Adlerturm des Castello del Buonconsiglio in Trient, dem um 1215/20 errichteten Torturm der Stadtumwehrung, der zugleich den äußersten Zipfel der Bischofsburg einnimmt. Die berühmten, um 1400 datierten Wandmalereien mit den Monatsbildern befinden sich im mittleren Geschoss des Turms, der innen durch eine Wendeltreppe erschlossen war. Schon die geringe Größe des Raumes spricht dafür, dass er nicht für eine größere Zahl an Personen gedacht war. Möglicherweise handelt es sich um einen reich ausgestatteten privaten Rückzugsraum des bischöflichen Hausherren in der Art eines Studiolo. Das profane Thema der Fresken widerspricht der vermuteten Raumfunktion nicht, auch nicht die Lage. Bereits der französische König Karl V. (1338–1380) hatte sich ein solches Studierkabinett in der Burg Vincennes über dem Tor einrichten lassen (vgl. Liebenwein 1977). Das früheste, um 1470 erstellte Inventar gibt jedoch keine Auskunft über die ursprüngliche Raumfunktion. Um diese Zeit war der Raum zu einer Schlafkammer umgewandelt, in der das Personal des Bischofs, ein Antoni und sein Geselle, ein Palawser und ein Jost Sattelberger, untergebracht waren (vgl. Zingerle 1909). Für einfache Bedienstete wird der Raum ursprünglich jedoch kaum so kostbar ausgemalt worden sein.

Wandmalereien mit Jagdszenen im oberen Saal von Burg Runkelstein

Wie die Beispiele der Tiroler Burgen zeigen, ergeben sich verschiedene Möglichkeiten eines Zusammenhangs von Raumfunktion und Raumausstattung. Die Malereien lassen sich nach heutiger Erkenntnis in Rodenegg einem kleinen Saal, in Runkelstein einer Stube, zwei Sälen und mehreren Kammern und in Trient einem Studiolo zuordnen. Allerdings kann selbst bei einer umfangreich erhaltenen Ausstattung wie in Runkelstein kein zusammenhängendes Raum- und Bildprogramm festgestellt werden – ganz im Gegensatz zu den Wandmalereien vieler mittelalterlicher Sakralräume. Der Grund für dieses scheinbare Defizit ist weniger in einem mangelnden „Programmbewusstsein" der Auftraggeber zu suchen als in der prinzipiellen Multifunktionalität mittelalterlicher Räume. Raumkunst in Privathäusern ist vor allem Dekoration und enthält nur in Ausnahmen ein politisches Programm in weitestem Sinne. Entsprechend wählten die Vintler bei der Neugestaltung von Runkelstein Motive, die zu den Modethemen ihrer Zeit gehörten. Die Säle werden für die auf Runkelstein verbürgten Festveranstaltungen und anschließend als Schlafräume für die Gäste gedient haben. Die Freskenausstattung demonstriert weniger das politische oder ständische Selbstverständnis als den modischen Geschmack der Besitzer.

DAS DEUTSCHE BURGENMUSEUM VESTE HELDBURG – ZIELE UND PERSPEKTIVEN

Faszination Burg – Warum ein Deutsches Burgenmuseum?

Burgen haben seit ihrer Entstehung einen besonderen Reiz ausgeübt. Mächtig erheben sich ihre Bauwerke und Ruinen in der Landschaft als stolze Zeichen einer lange vergangenen Epoche, die die heutige Zeit jedoch entscheidend mitgeprägt hat. Auf mehr als 15 000 wird die Zahl der Burgen im deutschsprachigen Raum geschätzt. Einige wenige, etwa die Wartburg, der Trifels, Hohenzollern, Hoh-Königsburg oder Château Chillon am Genfer See, sind weithin berühmt, die meisten in den Wirren der nachfolgenden Jahrhunderte vergessen. Das jeweilige Schicksal hängt zumeist nicht mit baulichen Besonderheiten, sondern besonderen geschichtlichen Ereignissen oder einer spektakulären Lage zusammen. Die Entscheidung über Erhalt oder Vergessen fiel vielfach erst im 19. Jahrhundert, als im Zuge der romantischen Mittelalterbegeisterung auch die Burgen zunehmend als historische Interessensgebiete und touristische Anziehungspunkte entdeckt wurden. Dass man sich in dieser Zeit das Mittelalter im wahrsten Sinne „zurechtgezimmert" hat, zeigen nicht zuletzt die umfangreichen Wiederherstellungsmaßnahmen vieler Burgruinen im Historismus. Prominente Anlagen wie die Burg Hohenzollern wurden auf den wenigen erhaltenen Grundmauern praktisch neu errichtet, die Hoh-Königsburg und die Marksburg rekonstruiert und die Inneneinrichtung der Wartburg oder der Burg Chillon neu geschaffen. Extremfall der Burgenromantik ist Neuschwanstein, tatsächlich ein historisches Schloss, mit dem König Ludwig II. von Bayern seine Vorstellung vom Mittelalter zu verwirklichen suchte.

All dies hat mit der mittelalterlichen Burg nur wenig zu tun, auch wenn es die allgemeine Vorstellung bis heute entscheidend geprägt hat. Das Deutsche Burgenmuseum möchte sich dem Thema Burg auf neue Weise widmen. Burgen sollen als faszinierender Teil der mittelalterlichen Welt und als Objekt der modernen Forschung lebendig dargestellt werden. Der „Mythos Burg", der letztlich auf das Mittelalter selbst zurückgeht, soll nicht durch neue Märchen ersetzt werden. Ziel ist eine umfassende Information zur Burg, ihrer Architektur, Geschichte, ihren Funktionen, ihrer wandelnden Bedeutung im Laufe der Jahrhunderte und dem Leben auf der Burg. Das Museum möchte das Interesse für Burgen als Teil des historischen Erbes wecken und vertiefen und aktives Zentrum moderner Burgenforschung sein.

Im deutschsprachigen Raum gibt es zwar zahlreiche Museen auf Burgen, doch kein Deutsches Burgen-

Die Heldburg an der Grenze zwischen Thüringen und Franken

museum, das der übergeordneten Geschichte der Burg gewidmet ist und diese nach neuesten wissenschaftlichen Erkenntnissen einem breiten Publikum präsentiert. In der Regel widmen sich die Ausstellungen dem „Objekt selbst", also derjenigen Burg, in der sie eingerichtet sind. Der auf das einzelne Objekt gerichtete Blick vermittelt viele Details, jedoch keinen Gesamtblick auf die historische Realität und die übergreifenden Aspekte des Themas. So werden alte Klischees wiederholt oder es entstehen neue Vorurteile, die den Blick auf die mittelalterliche Burg eher verstellen.

Die Mehrzahl der Burgen und insbesondere der Burgruinen bietet dem Besucher aber gar keine Erklärungen. Das Deutsche Burgenmuseum gibt als übergreifendes Zentrum hier Orientierungshilfen, die es ermöglichen sollen, die wichtigsten Bauteile einer Burg und ihre Funktionen zu erkennen und eine Vorstellung über das Leben innerhalb der Mauern zu erlangen. Jährlich besuchen rund 20 Millionen Menschen allein in Deutschland die Burgen und Schlösser des Landes. Sie sollen die Möglichkeit haben, sich umfassend und übergreifend über die Geschichte und Entwicklung der Bauwerke zu informieren – und dabei auch viele interessante Überraschungen zu erleben und Entdeckungen zu machen. Viele Mythen und Klischees, die nach wie vor das Bild der mittelalterlichen Burg bestimmen, entstammen den Anfängen der Beschäftigung mit Burgen im 18. und 19. Jahrhundert. Dabei hat man in romantischer Verklärung die Idealschilderungen der mittelalterlichen Ritterromane und Minnelieder mit ihrer Überhöhung des Ritterlebens vielfach für wahre historische Quellen gehalten. Viele der Klischees haben sich allerdings im Laufe der letzten anderthalb Jahrhunderte verselbständigt und selbst Eingang in die seriöse Fachliteratur gefunden. Selbst viele neuere Ausstellungskataloge und Führer sind nicht frei von Irrtümern. Die folgenden Textbeispiele stammen aus rheinischen, badischen und bayerischen Ausstellungskatalogen und Burgenführern der allerjüngsten Zeit:

„Im Palas wohnte der Burgherr, die Frauen wohnten in der Kemenate."

„Auch die Leute im Dorf konnten in der Burg Zuflucht suchen."

„Der Bergfried war die letzte Zuflucht der Verteidiger."

„Das Verlies war ein dunkler und feuchter Kerkerraum im untersten Geschoss des Bergfrieds. Kälte, Feuchtigkeit und Hunger waren die ständigen Begleiter der Gefangenen. ‚Hohe' Gefangene wurden an einem Seil durch das Angstloch in den Kerker hinabgelassen, andere hinuntergestoßen."

„Burgen haben Folterkammern."

„Auf Burgen wurden große Feste gefeiert, bei denen die Ritter die Knochen hinter sich warfen."

Gelegentlich werden auch vermeintliche Lebensformen des Mittelalters erklärt, so die „hohe Kante" am Bett (zum Ablegen von Wertsachen), die jedoch nicht in den Adelsbereich gehört, oder die Gardinenpredigt, die sich auf Himmelbetten und bäuerliche Lebensweisen bezieht, nicht auf die des Adels in der Burg. Die Beispiele lassen sich fast beliebig vermehren.

Die Grundsätze

Im Zentrum des Museums steht die Burg als Bauwerk, also seine Bau- und Nutzungsgeschichte. Diese zu verstehen, ist ohne eine Einbindung in den historischen, gesellschaftlichen und kulturellen Rahmen nicht möglich. Die Darstellung der Lebenswelt in und mit Burgen ist daher die zweite Grundkomponente des Museums.

Die Bezeichnung „Deutsches Burgenmuseum" verweist auf den überregionalen Anspruch. Hier soll ein repräsentativer Überblick über die Entwicklung des Burgenbaus im deutschen Kulturraum in seinem kulturellen und historischen Umfeld ermöglicht werden. Der Blick wird daher auch über die Grenzen der heutigen Bundesrepublik Deutschland hinausgehen. Die geographische Eingrenzung erweist sich als schwierig. Die Grenzen der heutigen Bundesrepublik Deutschland umfassen nur einen Teil des geographischen Raumes, der im hohen Mittelalter als Römisches Reich, im Spätmittelalter als „Heiliges Römisches Reich Deutscher Nation" bezeichnet wurde. Ausgegangen wird grundsätzlich von den zum Heiligen Römischen Reich gehörigen Ländern, was Österreich und Südtirol, Pommern und Schlesien, das Elsass, Luxemburg sowie die Schweiz in die Betrachtungen mit einschließt, am Rande auch die Niederlande, Flandern, Luxemburg und die Schweiz, ferner Welsch Tirol (Trentino) und Böhmen.

Die Aufgabe des Deutschen Burgenmuseums kann nicht die Vermittlung eines feststehenden Bildes

des Phänomens „Burg" sein, das es vielfach nur in groben Zügen gibt. Vielmehr muss es darum gehen, einen engen Kontakt zur fortschreitenden Forschung zu halten und deren Arbeit so zu vermitteln, dass die Präsentationen des Museums immer auf einem aktuellen Stand bleiben. Hier spielt die Kooperation mit der internationalen Wartburg-Gesellschaft zur Erforschung von Burgen und Schlössern eine besondere Rolle.

Das Deutsche Burgenmuseum bietet neben der Dauerausstellung zusätzliche Informationsmöglichkeiten. So soll der Besucher Anregungen und Informationen für Fahrten und Besichtigungen von Burgen und Schlössern seiner näheren und weiteren Umgebung, aber auch zum Besuch bedeutender Burgen im Ausland erhalten. Zu besonderen Themen und als vertiefende Ergänzung zur Dauerausstellung werden Sonderausstellungen, Vorträge, Tagungen und museumspädagogische Programme angeboten werden. Vielseitige kulturelle Angebote stärken das Museum. Hierbei kommt dem Förderverein Veste Heldburg eine tragende Rolle zu.

Burgenforschung

Voraussetzung für die Burgenforschung ist eine klare Fragestellung und die Anwendung einer systematischen Methode. Grundlegende Aspekte für die Burgenforschung sind die baugeschichtliche Untersuchung der Burg und die historische Einordnung. Hierzu gehört zunächst die genaue Analyse der Bausubstanz. Unter einer baugeschichtlichen Untersuchung ist zu verstehen, dass die einzelnen Bauphasen auseinandergehalten, Gebäudefunktionen erkannt werden müssen und Datierungskriterien zu suchen sind. Dazu können etwa bautechnische Aspekte gehören, so z. B. die Fragen nach der Steinverwendung und der Steinbearbeitung bis hin zur Krantechnik. Zu den Datierungskriterien zählen auch Aspekte der Stilgeschichte, etwa die Ornamentik, die Form von Fenster- und Türeinfassungen, Kapitellen, auch Wandverkleidungen und Malereien. Derartige Formen und Bauteile in ein zeitliches Raster zu bringen, gehört zu den Methoden der Kunstgeschichte. Allerdings haben dendrochronologische Datierungen viele „kunsthistorisch" ermittelte Daten radikal korrigiert und die Datierungskriterien verfeinert. Aufgabe der Kunstgeschichte ist aber auch die Frage beispielsweise nach den Vorbildern für einzelne Bauformen oder ganze Bauteile und ihren Beziehungen zu anderen Gebäuden. Die Geschichte ist eine besonders wichtige Fachrichtung bei der Erforschung von Burgen. Sie klärt die historischen Zusammenhänge der Burg von der Ersterwähnung an. Zur Geschichte des Mittelalters oder der Neuzeit gehören dabei historische Hilfswissenschaften von der Heraldik (Wappenkunde) über die Inschriftenforschung bis hin zur Archivkunde. Schließlich gehören mittelalterliche Handschriften und bildliche Darstellungen zu den Forschungsthemen, die mit Burgen in engem Zusammenhang stehen und von verschiedenen mediävistischen Fächern geleistet werden.

Die Archäologie ermittelt frühere Bauten und Bauzustände durch Ausgrabungen. Zudem finden sich oft datierbare Gegenstände wie Keramik, Glas oder Münzen, die man zum Mauerwerk neben der Fundstelle in zeitliche Beziehung setzen kann. Die Funde sagen beispielsweise etwas über die Ausstattung, Handelsbeziehungen, aber auch über den Speiseplan.

Schließlich ist die Beteiligung von Naturwissenschaftlern erforderlich: Der Paläoethnobotaniker wird aus Samenkörnern den Speiseplan der mittelalterlichen Burgbesatzung rekonstruieren, der Zoologe die Tiere analysieren können und der Anthropologe – etwa dann, wenn auch Skelette ausgegraben wurden, also bei Grablegen und Friedhöfen – den Menschen selbst und seine Krankheiten, seine medizinische Versorgung oder seine Lebensbedingungen ganz allgemein. Alles in allem ist die Zusammenarbeit über eigene Fachgrenzen unverzichtbar für eine umfassende Erforschung der Burg und ihres kulturellen Umfelds.

Die Heldburg als Standort des Deutschen Burgenmuseums

Die Heldburg vermittelt aus der Ferne betrachtet den Eindruck einer typischen Höhenburg, weist jedoch aus der Nähe neben spätmittelalterlichen Bauteilen (Torsituation, Saalbau) vor allem die bedeutende gotische Burgkapelle, den architekturgeschichtlich besonders bedeutenden Renaissancebau (Französischer Bau) sowie den historistischen Turm auf. Zu präsentieren ist daher einerseits die Entwicklung der Heldburg, eventuell anhand von Modellen, vor allem aber die funktionale Zusammengehörigkeit der einzelnen Bauteile und ihre Besonderheit im Rahmen des deutschen Burgenbaues.

Trotz der Brandschäden von 1982 sind auf der Heldburg hochqualitatives spätmittelalterliches Mauerwerk (östlicher Flügel), hochmittelalterliche Baureste (Unterbau des romanischen Torturmes), spätmittelalterliche Bauteile (Torbau und Seitenflügel), bedeutende Bauten und Räume wie die spätromanische Kapelle, die Renaissancebauphase (Französischer Bau), eine mittelalterliche Bohlenstuben sowie bedeutende Aspekte des Historismus zu präsentieren. Für fast alle Abteilungen des Deutschen Burgenmuseums finden sich daher Anknüpfungspunkte auf der Heldburg selbst.

Die Veste Heldburg bietet einen idealen Standort für das Deutsche Burgenmuseum. Der große Reiz der Heldburg als Höhenburg auf einer bewaldeten Kuppe geht von ihrem weiten Rundblick auf die Landschaft Südthüringens und Oberfrankens sowie von ihrem Innenhof aus unterschiedlich alten Gebäuden aus. Die Burg befindet sich am Südrand des Thüringer Waldes in einer der burgenreichsten Landschaften Deutschlands. Vor allem aus dem näheren Umkreis von Südthüringen und Oberfranken kamen bereits vor der Museumsgründung jährlich mehr als 25 000 Besucher zur Besichtigung der Burg, obwohl bislang nur ein kleiner Teil der Räume zu sehen ist. Künftig soll das Deutsche Burgenmuseum auf der Veste Heldburg überregionale Besucher ansprechen, die sich über Burgen und Burgenforschung infor-

Heldburg (Thüringen), „Heidenbau" aus dem 15. Jh.

mieren und vielleicht selbst aktiv tätig sein wollen. Dazu wird die Heldburg in allen wesentlichen Bauteilen für das Publikum zu betreten sein und auch als eigenständiges Bauwerk erläutert werden.

Der nach der teilweisen Brandzerstörung des „Französischen Baues" 1982 notwendig gewordene Ausbau eröffnete die Möglichkeit einer modernen Museumsnutzung. Gleichzeitig wird die historische Architektur aus Spätmittelalter und früher Neuzeit erfahrbar gemacht werden.

Der Museumsrundgang

Der Museumsrundgang bietet eine umfassende, nach chronologischen und thematischen Aspekten aufgebaute Information zur Geschichte und Entwicklung der Burg in Deutschland und ihrer Erforschung. Mit einbezogen in die Präsentation sind die historischen Gebäude und Räumlichkeiten der Veste Heldburg, die im Laufe des Rundgangs besichtigt werden.

Der Rundgang beginnt im so genannten „Heidenbau". Ein Einführungsraum gibt einen Überblick über die chronologische Entwicklung der Burgen und die Aufgliederung in fünf Hauptepochen. Der Besucher hat die Möglichkeit, sich über den Burgenbau in den verschiedenen deutschsprachigen Staaten und die wichtigsten Burgen in den einzelnen Bundesländern zu informieren. Auch die Methoden der Burgenforschung werden vorgestellt.

Das Deutsche Burgenmuseum wird aus einer thematischen Einführung, einer chronologischen Gliederung des Hauptteils und einer speziellen Präsentation der Heldburg als dem Museumsstandort bestehen. Vor allem sollen die wichtigsten Burgen

Mitteleuropas in Kurzdarstellungen behandelt werden, wofür sich heutige Computertechnik am besten eignet. Damit kann jeder Besucher schnell in Erfahrung bringen, welche interessanten Beispiele in der Nähe seiner Heimat erhalten und zu besichtigen sind.

Die chronologische und thematische Anordnung der Ausstellungsräume

Das Museum soll gegen die Vorstellung angehen, das Mittelalter sei insgesamt eher statisch und ohne wesentliche Entwicklungen gewesen. Statt diesem

Heldburg (Thüringen), „Französischer Bau" aus der Mitte des 16. Jh.

Vorurteil sollen die Veränderungen sowohl in der Gesellschaft als auch im Burgenbau thematisiert werden.

Um das Mittelalter bzw. den Burgenbau in seiner Entwicklung darzustellen, ist eine grundsätzlich chronologische Darstellung der Phänomene sinnvoll. Die chronologisch gegliederte Entwicklung der Burg wird in fünf Hauptabteilungen dargestellt, die man vereinfachend benennen kann als:

· Frühe Burgen (10./11. Jh.)
· Burgen des 12. und 13. Jh.
· Späte Burgen (14. und 15. Jh.)
· Das Ende des Burgenbaues (Renaissance, 16. Jh.)
· Burgenrezeption (Romantik und Historismus, Ende 18. bis Anfang 20. Jh.)

Heldburg (Thüringen), Farbbefunde des späten 16. Jh.

Was zeigt das Deutsche Burgenmuseum?

Die Eröffnung jeder der Hauptabteilungen wird ein großes Modell bilden, das eine besonders charakteristische „idealtypische" Burg der betreffenden Phase innerhalb der Kulturlandschaft darstellt, in der die Burg lag. Die jeweils folgenden Räume dienen der Differenzierung und erläutern die Burgengeschichte in der jeweiligen Epoche in Form von Unterthemen. Dabei kommen vor allem Originalexponate zum Einsatz, daneben aber auch historische und moderne Abbildungen, Einzelmodelle, Dioramen, Installationen und digitale Medien. Zu den originalen Ausstellungsstücken zählen ausgewählte Bauteile von Burgen, die die Bearbeitung einzelner Werkstücke (Backstein, Buckelquader usw.) erklären sollen, Gebrauchsgegenstände, Waffen- und Rüstungsteile, aber auch historische Darstellungen einzelner Burgen. Neben der Bauentwicklung soll das Leben auf der Burg am Beispiel von exemplarischen Biographien, Alltagsgegenständen und Inszenierungen erfahrbar gemacht werden.

Es gehört zum Ansatz des Burgenmuseums, nicht nur die Ergebnisse, sondern auch die Forschungsmethodik transparent zu machen und allgemeinverständlich zu erläutern, wie Untersuchungen am Bauwerk, an Akten und Bildquellen erfolgen.

Modelle und digitale Medien spielen gegenüber dem klassischen Museum eine größere Rolle, da nur die Heldburg selbst vollständig im Museum präsent sein wird, alle anderen Burgen sind nur bildlich oder durch Ausstellungsobjekte darstellbar. Detaillierte Modelle von Burgen ohne weiteres Umfeld, also auf den Bau selbst beschränkt, vereinfachte Baumassenmodelle, Modelle von Bauteilen wie einer Zugbrücke, einem Turm, einer Zisterne usw. und Modelle von übrigen mit dem Burgenbau in Zusammenhang stehenden Objekten wie z. B. einer Blide (Belagerungskatapult) sollen die oft schwer verständlichen Bestandteile der Burgen erläutern.

Wartburg bei Eisenach (Thüringen)

DIE WARTBURG-GESELLSCHAFT

Die Wartburg-Gesellschaft wurde 1992 auf der Wartburg bei Eisenach (Thüringen) gegründet. Ihr gehören Mitglieder und Institutionen (z. B. Museen, Schlossmuseen, Schlösserverwaltungen) aus zwölf europäischen Staaten von Spanien bis Russland an. Die Mitglieder führen Forschungen zu Burgen und Schlössern durch oder unterstützen Forschungen, beispielsweise durch die Mitgliedschaft. Die Wartburg-Gesellschaft möchte der Burgenforschung ein unabhängiges wissenschaftliches Forum im internationalen Raum bieten. Interdisziplinäre Arbeit ist für die Erforschung von Burgen, Schlössern, Wehranlagen und Adelssitzen grundlegend. Angesprochen sind vor allem Baugeschichte, Kunstgeschichte, Archäologie, Germanistik, Geschichte, Sozialgeschichte, Wirtschaftsgeschichte, Landeskunde, Denkmalpflege und Naturwissenschaften. Einzelergebnisse interessieren ebenso wie der Überblick, die Forschungsmethode und der denkmalpflegerische Umgang mit dem Bau. Die Wartburg-Gesellschaft führt jährlich Fachtagungen an wechselnden Orten in Mitteleuropa durch. Die Jahrestagungen werden durch regionale Veranstaltungen ergänzt. Ein besonderes Anliegen ist es, Kontakte zum Forschungsnachwuchs herzustellen und junge Wissenschaftler an die Themen der Burg- und Schlossforschung heranzuführen. Die Ergebnisse der Tagungen, thematisch naheliegende Forschungen sowie Rezensionen wichtiger Veröffentlichungen erscheinen im Jahrbuch *Forschungen zu Burgen und Schlössern*. Zusätzlich werden – mehrheitlich in Zusammenarbeit mit dem Deutschen Burgenmuseum – Sonderbände vor allem zur Erforschung einzelner Burgen veröffentlicht, schließlich erscheint die Reihe von Einzelführern *Burgen, Schlösser und Wehrbauten in Mitteleuropa*.

Auf Initiative der Wartburg-Gesellschaft gründete sich 2005 ein Trägerverein, um auf der spätmittelalterlichen Heldburg (Thüringen) das Deutsche Burgenmuseum einzurichten. Beteiligt sind das Germanische Nationalmuseum (Nürnberg) und das Deutsche historische Museum (Berlin).

Als Mitglied der Wartburg-Gesellschaft unterstützen Sie die Erforschung von Burgen, Schlössern und Wehrbauten. Die Mitgliedschaft schließt den Erhalt des Jahrbuchs ein und ermöglicht den Erhalt von Sonderbänden zu günstigeren Konditionen. Der Eintritt auf der Wartburg und in das Deutsche Burgenmuseum Heldburg ist für Mitglieder frei. Um Mitglied zu werden, wende man sich an den Vorstand (c/o Germanisches Nationalmuseum, Kartäusergasse 1, 90402 Nürnberg) oder an die Geschäftsstelle (c/o Wartburg-Stiftung, Auf der Wartburg, 99817 Eisenach). Weitere Informationen: *www.wartburggesellschaft.de*.

Burg Eltz (Rheinland-Pfalz)

ANHANG

Glossar

Abort. Erker an oder Nische in der Mauer, nicht zur Verteidigung.

Barbakane. Vorbau vor einem Tor mit eigenem Tor und seitlichen Wehrmauern.

Bastion. Pfeilförmiger Bau zum Unterbringen von Geschützen an Ecken und Flanken einer Festung.

Batterieturm. Turm mit Geschützstellungen in mehreren Geschossen.

Belagerungsmaschinen. Bliden und Steinschleudern, dienen zum zielgenauen Zerstören von Mauern.

Bergfried. Nicht bewohnbarer Hauptturm mit hoch gelegenem Eingang; vom 12. bis 14. Jh. Bestandteil vieler Burgen in Mitteleuropa zur Beobachtung, zugleich repräsentatives Statuszeichen der Burg.

Böschung (Geböschtes Mauerwerk). Schräges Mauerwerk am Fuß eines Turmes oder einer Mauer.

Buckelquader. Viereckig behauener Steinquader, dessen Oberfläche wie ein Buckel vorragt. Buckelquader wurden oft als Inbegriff staufischer Burgen verkannt, kommen aber viel länger vor.

d (hinter einer Jahrezahl). Hinweis auf dendrochonologisch ermittelte jahrgenaue Datierung von Holzteilen.

Donjon. Herrschaftlicher Gebäudekomplex einer Burg in Frankreich und England („keep"), der auch Wohnräume und Säle enthält, veraltete Bezeichnung für den Hauptturm.

Dürnitz. In Süddeutschland gebräuchliche Bezeichnung für ⇒ Hofstube.

Fallgatter. Schweres Holzgitter, dass das Haupttor zusätzlich sichert.

Festung. Nicht zur Wohnnutzung des Adels dienende militärische Befestigung, mit Kanonen ausgestattet und nur von der militärischen Besatzung bewohnt.

Flankierungsturm. Turm, der vor eine Mauer gezogen ist und durch seitliche Öffnungen, Scharten usw. die Mauer „bestreichen" kann.

Folterkeller. Fiktion aus dem 19. Jh., derzufolge der Adel Gefangene im eigenen Keller foltert. Gefoltert wurde im Gefängnis, im Irrglauben, so die Wahrheit zu erfahren, besonders in der Neuzeit (z. B. Hexenverfolgung).

Halsgraben. Graben zwischen einer Höhenburg und dem übrigen Bergrücken.

Hauptturm. Neuere in der französischen Forschung übliche Bezeichnung für den wichtigsten, meist bewohnbaren Turm einer Burg („tour maîtresse").

Hofstube. Beheizbarer Raum (Bauteil) der Burgbesatzung, Aufenthalts- und Festraum für einfachere Anlässe. Vergleichbar wird die Dürnutz genutzt.

Kasematte. Unterirdischer bzw. überdeckter Standort von Geschützen.

Kemenate. Kaminbeheizter Bau bzw. Raum, als Bezeichnung eines Baues für die Frauen erst eine Erfindung des 19. Jh. Im Spätmittelalter Bezeichnung für einen Wohnbau mit kaminbeheiztem Saal.

Kurtine. Mauerabschnitt zwischen zwei Türmen einer Ringmauer oder den Bastionen einer ⇒ Festung.

Maschikuli. Reihung von Wurflöchern am oberen Abschluss von Türmen und Mauern, über Konsolen vorkragend und mit Öffnungen zwischen den Konsolen.

Mauerturm. Turm im Verlauf einer Mauer ohne Torfunktion.

Maulscharte. Quergelagerte Schießscharte in Maulform, meist schon für Feuerwaffen (kleine Geschütze) genutzt.

Motte (Turmhügelburg). Turmburg auf einem meist künstlichen Hügel, in Deutschland selten, in Westeuropa häufiger.

Mushaus. Niederdeutsche Bezeichnung für einen Saal- und Wohnbau.

Palas. Bezeichnung für den Wohnbau mit einem Saalgeschoss vornehmlich in einer Burg des Hochadels im 12. und 13. Jh.

Pechnase. ⇒ Wurferker

Pfalz. Der regelmäßige, jedoch nicht ständige Aufenthaltsort eines Kaisers bzw. Königs im hohen Mittelalter (9.–13. Jh.). Die älteste erhaltene Pfalz ist Aachen (Karl der Große).

Ravelin. Befestigungsabschnitt einer Festung vor dem Hauptgraben, meist dreieckig.

Ringmauer. Mauer, die einen gesamten Burgbereich umschließt, im Gegensatz zu Abschnittsmauern.

Rondell. Mit Geschützen bestückter niedriger Rundturm, insbesondere bei frühen Festungen ("Rondellierte" Befestigung im Gegensatz zur bastionären Befestigung, ⇒ Bastion).

Saalbau. Gebäude innerhalb einer größeren Burg mit einem Saal sowie einzelne Wohnräumen. ⇒ Palas

Schalenturm. An drei Seiten geschlossener Turm, an der vierten Seite zur Burg oder Stadt hin aber offen, um Eroberern keinen Schutz zu bieten.

Schießscharte. Mauerscharte zum Schießen mit Armbrust oder Bogen (innen breit, der Schütze muss Platz haben), der Hakenbüchse oder der Kanone, meist senkrecht, gelegentlich quer (Maulscharte).

Schildmauer. Hohe Mauer an der Angriffsseite, die die Burg in großer Höhe und Breite deckt, besonders bei Hangburgen.

Torbalken, Torriegel. Verschlussbalken, der in das Mauerwerk eingelassen wird und den geschlossenen Torflügeln innen Halt gibt, so dass sie nicht ohne weiteres aufgerammt werden können.

Torbau, Torturm. Bauwerk oder Turm über bzw. in Verbindung mit dem Burgtor.

Turmburg. Burg aus einem turmartigen Gebäude, das Wohn- und Wehrfunktionen in sich vereinigt.

Verließ. Gefängnis, meist im Untergeschoss eines Turmes zur befristeten Unterbringung von Gefangenen.

Vorburg. Eigenständig umwehrter Burgteil vor der Hauptburg, durch Mauern und Graben abgetrennt, zur Aufnahme von Gebäuden der Verwaltung und Bewirtschaftung.

Wehrgang. Gang an der Mauerkrone zur Verteidigung.

Wohnbau. Bau mit Wohnräumen und Küche.

Wohnturm. Turm mit Wohnräumen.

Wurferker. Kleiner Wehrerker zum Sichern des Mauerfußes durch Schießen, Werfen oder Schütten, auch über einem Tor, daher nicht mit einem Aborterker zu verwechseln.

Ziehbrunnen. Frischwasserversorgung durch einen Brunnenschacht, der bis zum Grundwasser reicht. Wassereimer wurden über lange Seilzüge mit Haspeln oder Treträdern gefördert.

Zinne. Kleine Maueraufsätze in regelmäßigen Abständen zum Schutz der Verteidiger auf der Mauerkrone und Türmen.

Zisterne. Sammelbecken zum Auffangen von Regenwasser, das als Trink- und Brauchwasser diente. Wasserzulauf teilweise über unterirdische Kieslagen (Filterzisterne).

Zugbrücke. Holzbrücke vor einem Burgtor, die mit Hebeln oder Drahtseilen hochgehoben und dadurch geschlossen werden konnte.

Zwinger. Äußerer Wehrbereich einer Burg aus einer Mauer und einem schmalen freien Gelände. Fast immer jünger als die von ihnen geschützten Burgen.

Literatur

Albrecht, Thorsten: Schrank, But-ze, Bett. Vom Mittelalter bis ins 20. Jahrhundert am Beispiel der Lüneburger Heide. Petersberg 2001

Albrecht, Uwe: Der Adelssitz im Mittelalter. Studien zum Verhält-nis von Architektur und Lebens-form in Nord- und Westeuropa. Berlin 1995

Arens, Fritz Viktor: Die Königs-pfalz Wimpfen, Berlin 1967

Arx. Burgen und Schlösser in Bay-ern, Österreich und Südtirol. Hrsg. vom Südtiroler Burgen-institut. Bozen, seit 1978

Bergstedt, Clemens u.a. (Hrsg.): Bischofsresidenz Burg Ziesar. Das Haus – das Denkmal – das Mu-seum. Berlin 2005

Bienert, Thomas: Mittelalterliche Burgen in Thüringen. Gudens-berg-Gleichen 2000

Biller, Thomas: Die Adelsburg in Deutschland. München/Berlin 1993, 2/1998

Biller, Thomas und Metz, Bern-hard: Die Burgen des Elsaß, 4 Bän-de, Berlin/München 1995– (bis-her erschienen Band 3, Der frühe gotische Burgenbau im Elsaß (1250–1300); Band 2, Der spätro-manische Burgenbau im Elsaß (1200–1250), in Vorbereitung)

Biller, Thomas und Großmann, G. Ulrich: Burg und Schloss. Der Adelssitz im deutschsprachigen Raum. Regensburg 2002 (mit ausführlicheren Literaturhinwei-sen)

Biller, Thomas: Die Entwicklung regelmäßiger Burgenformen in der Spätromanik und die Burg Kaub (Gutenfels). In: Forschun-gen zu Burgen und Schlösser 7, München/Berlin 2002, S. 23–44

Biller, Thomas (Schriftleitung): Crac des Chevaliers. Sonderbän-de der Wartburg-Gesellschaft 3. Schriften Regensburg 2006

Binding, Günther: Deutsche Kö-nigspfalzen von Karl dem Großen bis Friedrich II. (765–1240). Darmstadt 1996

Bitschnau, Martin: Burg und Adel in Tirol zwischen 1050 und 1300, Grundlagen zu ihrer Erforschung. Österreichische Akademie der Wissenschaften, Phil.-hist. Klasse, Band 403, Wien 1983

Böhme, Horst-Wolfgang (Hrsg.): Burgen der Salierzeit, 2 Bände., Römisch-Germanisches Zentral-museum, Monographien, Band. 25, 26, Band 1: nördliche Land-schaften des Reiches, Band 2: südliche Landschaften des Rei-ches, Sigmaringen 1991

Böhme, Horst-Wolfgang (Hrsg.): Burgen in Mitteleuropa. Hrsg. von H. W. Böhme im Auftrag der Deutschen Burgenvereinigung, 2 Bände, Stuttgart 1999

Bornheim gen. Schilling, W.: Rhei-nische Höhenburgen, 3 Bände, Neuss, 1964

Brachmann, Hansjürgen: Der früh-mittelalterliche Befestigungsbau in Mitteleuropa. Untersuchungen zu seiner Entwicklung und Funktion im germanisch-deutschen Gebiet. Schriften zur Ur- und Frühgeschichte 45, Berlin 1993

Burgen und Schlösser. Zeitschrift der Deutschen Burgenvereinigung, seit 1959

Burgen und Schlösser in Sachsen-Anhalt. Mitt. der Landesgruppe Sachsen-Anhalt der DBV. Halle, seit 1991

Burger, Daniel: Die Landesfestungen der Hohenzollern in Franken und Brandenburg im Zeitalter der Renaissance. Schriften zur bayerischen Landesgeschichte 128, München 2000

Burger, Daniel (Red.): Burg Lauf an der Pegnitz. Ein Bauwerk Kaiser Karls IV. Schriften des Deutschen Burgenmuseums Band 2, zugleich Sonderbände der Wartburg-Gesellschaft Band 2, Regensburg 2006

Burger, Daniel: Die Cadolzburg. Dynastenburg und Amtssitz der Hohenzollern. Wissenschaftliche Beibände zum Anzeiger des Germanischen Nationalmuseums 24, zugleich Sonderbände der Wartburg-Gesellschaft Band 1, Nürnberg 2005

Burgwart (Der), Zeitschrift der Vereinigung zur Erhaltung deutscher Burgen, 1–, 1899–1942, 1955–1957. Fortgesetzt unter dem Titel Burgen und Schlösser, hrsg. v. d. Deutschen Burgenvereinigung e.V., Jg. 1, seit 1959

Burgen im deutschen Sprachraum - ihre rechts- und verfassungsgeschichtliche Bedeutung, hrsg. v. Hans Patze. Konstanzer Arbeitskreis für mittelalterliche Geschichte, Band XIX, 2 Bände, Sigmaringen 1976

Chrétien de Troyes, Perceval ou le Roman du Graal. Neufranzösische Übersetzung von Jean-Pierre Foucher und André Ortais, Paris 1974.

Durdik, Tomás: Kastellburgen des 13. Jahrhunderts in Mitteleuropa. Prag 1994

Ebhardt, Bodo: Der Wehrbau Europas im Mittelalter, Band I–III, Stollhamm 1939–58 (verkleinerter Nachdruck Würzburg 1998)

Ebhardt, Bodo: Deutsche Burgen. Berlin o. J. (1899–1905)

Fleckenstein, Josef (Hrsg.): Das ritterliche Turnier im Mittelalter. Beiträge zu einer vergleichenden Formen- und Verhaltensgeschichte des Rittertums. Göttingen 1985

Forschungen zu Burgen und Schlössern. Hrsg. von der Wartburg-Gesellschaft zur Erforschung von Burgen und Schlössern e.V., München/Berlin seit 1993

Friedel, Birgit: Die Nürnberger Burg. Geschichte, Baugeschichte und Archäologie. Schriften des Deutschen Burgenmuseums 1. Petersberg 2007

Friedrich, Reinhard: Mittelalterliche Keramik aus rheinischen Motten. Bonn 1998 (Rheinische Ausgrabungen 44, zugl. Diss. 1991)

Großmann Dieter: Liegnitz und Kobern – Vergleich zweier Burgkapellen. In: Forschungen zu Burgen und Schlössern 2, München/Berlin 1996, S. 31–48

Großmann, G. Ulrich: Burgen in Europa. Regensburg 2005

Grebe, Anja und Häffner, Hans Heinrich: Truhe und Wandschrank – mobile und feste Ausstattungen im Burgen- und frühen Schlossbau. In: Jahrbuch der Stiftung Thüringer Schlösser und Gärten Band 8, Regensburg 2005, S. 25–47

Grebe, Anja: In the Paradise of Love. Medieval Love Gardens. Topography and Iconography. In: Sieglinde Hartmann (Hrsg.): Fauna und Flora in the Middle Ages. Beihefte zur Mediaevistik 8, Frankfurt 2007, S. 225–248

Heine, Hans-Wilhelm: Frühe Burgen und Pfalzen in Niedersachsen, von den Anfängen bis zum frühen Mittelalter. Wegweiser zur Vor- und Frühgeschichte Niedersachsens, H. 17, 2. Aufl. Hildesheim 1995

Herrmann, Christofer: Wohntürme des späten Mittelalters auf Burgen im Rhein-Mosel-Gebiet. Diss. Mainz 1993, Veröffentlichung der Deutschen Burgenvereinigung, Reihe A, Band 2, Espelkamp 1995

Herrnbrodt, Adolph: Der Husterknupp, eine rheinische Burganlage des frühen Mittelalters, Beihefte der Bonner Jahrbücher, 6, Köln/Graz 1958

Herzog, Harald: Burgen und Schlösser. Geschichte und Typologie der Adelssitze im Kreis Euskirchen. Köln 1989

Hinz, Hermann: Motte und Donjon. Zur Frühgeschichte der mittelalterlichen Adelsburg. Zeitschrift für Archäologie des Mittelalters, Beiheft 1, Köln 1981

Hoppe, Stephan: Die funktionale und räumliche Struktur des frühen Schloßbaus in Mitteldeutschland. 62. Veröffentlichung der Abteilung Architekturgeschichte der Universität Köln. Köln 1996

Hotz, Walter: Kleine Kunstgeschichte der deutschen Burg. Darmstadt 1965, 4/1979

Hotz, Walter: Burg Wildenberg im Odenwald. Amorbach 1963

Jost, Bettina: Die Reichsministerialen von Münzenberg als Bauherren in der Wetterau im 12. Jahrhundert. Köln 1995

Knappe, Rudolf: Mittelalterliche Burgen in Hessen. Gudensberg-Gleichen 1994

Königspfalzen – Die deutschen Königspfalzen. Repertorium der Pfalzen, Königshöfe und übrigen Aufenthaltsorte der Könige im deutschen Reich des Mittelalters. Hrsg. vom Max-Planck-Institut für Geschichte, mehrbändig, Göttingen seit 1983

Leng, Rainer: Ars belli. Deutsche taktische und kriegstechnische Bilderhandschriften und Traktate des 15. und 16. Jh., Imagines medii aevi 12, Würzburg 2002

Leider, Klaus und Peter Ettel (Hrsg.): Burgen in Bayern. 7000 Jahre Burgengeschichte im Luftbild. Stuttgart 1999

Leistikow, Dankwart: Romanische Mauerwerkstechnik auf fränkischen Burgen. In: Burgen und Schlösser 1960/Heft 2, 1961/Heft 2, 1962/ Heft 2, 1964/Heft 1, 1966/Heft 1.

Maurer, Hans-Martin: Bauformen der hochmittelalterlichen Adelsburg in Südwestdeutschland. In: Zeitschrift für die Geschichte des Oberrheins, 115 (N.F. 76), 1967, S. 61–116

Maurer, Hans-Martin: Die Entstehung der hochmittelalterlichen

Adelsburg in Südwestdeutschland. In: Zeitschrift für die Geschichte des Oberrheins, 117 (N.F. 78), 1969, S. 297–332

Meckseper, Cord (Koord.): Burg Weißensee „Runneburg" Thüringen. Baugeschichte und Forschung. Frankfurt 1998

Meckseper, Cord: Raumdifferenzierungen im hochmittelalterlichen Burgenbau Mitteleuropas. In: Château Gaillard 20, Caen 2002, S. 163–171

Meyer, Werner: Die Burg als repräsentatives Statussymbol – ein Beitrag zum Verständnis des mittelalterlichen Adelsburg. In: Zeitschrift für schweizerische Archäologie und Kunstgeschichte, 33, 1976, S. 173–181

Meyer, Werner: Hirsebrei und Hellebarde. Auf den Spuren des mittelalterlichen Lebens in der Schweiz. Olten und Freiburg 1985

Meyer, Werner u. Eduard Widmer: Das große Burgenbuch der Schweiz. Zürich/München 1977

Meyer, Werner: Burgen der Schweiz, 9 Bände, Zürich 1981–1983

Meyer, Werner: Die Frohburg. Ausgrabungen 1973–1977. Schweizer Beiträge zur Kulturgeschichte und Archäologie des Mittelalters, Band 16, Zürich 1989

Mittelalter/Moyen Age. Zeitschrift des Schweizer Burgenvereins, seit 1996

Nachrichten des Schweizerischen Burgenvereins, Zürich, Jg. 1, seit 1927–1995, Fortgesetzt unter dem Titel Mittelalter/Moyen Age, Zeitschrift des Schweizer Burgenvereins, Jg. 1, seit 1996

Patze, Hans (Hrsg.): Die Burgen im deutschen Sprachraum – ihre rechts- und verfassungsgeschichtliche Bedeutung. Konstanzer Arbeitskreis für mittelalterliche Geschichte Band XIX., Sigmaringen 1976

Pfälzisches Burgenlexikon, Band 1 (A–E), Band 2 (F–H), Band 3 (I–N). Beiträge zur pfälzischen Geschichte, Band 12, Kaiserslautern 1999–2005

Piper, Otto: Burgenkunde – Bauwesen und Geschichte der Burgen zunächst innerhalb des deutschen Sprachgebietes, 1. Aufl. München 1895, 2. Aufl. (2 Bände) 1905, 3. Aufl. München 1912 (Nachdruck Frankfurt 1967)

Régnier-Bohler (Hg.): Splendeurs de la Cour de Bourgogne. Récits et chroniques. Paris 1995

Reichhalter, Gerhard u. a.: Burgen Waldviertel und Wachau. St. Pölten 2001

Rizzoli, Helmut (Hg.): Schloß Runkelstein, die Bilderburg. Hrsg. im Auftrag der Stadt Bozen. Bozen 2000

Rödel, Volker: Reichslehnswesen, Ministerialität, Burgmannschaft und Niederadel. Studien zur Rechts- und Sozialgeschichte des Adels in den Mittel- und Oberrheinlanden während des 13. und 14. Jh., Diss: Mainz 1977. Quellen und Forschungen zur hessischen Geschichte 38, Marburg und Darmstadt 1979

Schicht, Patrick: Österreichs Kastellburgen des 13. und 14. Jahrhunderts. Beiträge zur Mittelalterarchäologie in Österreich Beiheft 5, Wien 2003

Schmidtchen, Volker: Kriegswesen im späten Mittelalter. Weinheim 1990.

Schmitt, Reinhard: Steinerne Wohnbauten und Wohntürme vom 10. bis zum 13. Jh. in Sachsen-Anhalt. In: Heinz Müller (Hrsg.): Wohntürme. Veröff. der Deutschen Burgenvereinigung. Langenweißbach 2002, S. 91–103

Schmitt, Reinhard: Burg Querfurt. Beiträge zur Baugeschichte – Baubefunde und archäologische Quellen. Querfurt 2002

Schmitt, Reinhard: Zur Baugeschichte der Neuenburg. Burg und Herrschaft, hrsg. vom Museum Schloss Neuenburg. Freyburg/Unstrut 2004

Schweizer Beiträge zur Kulturgeschichte und Archäologie des Mittelalters, hrsg. v. Schweizer. Burgenverein, Olten u. Freiburg/Br., seit 1974

Stampfer, Helmut: Adelige Wohnkultur des Spätmittelalters in Südtirol. In: Adelige Sachkultur des Spätmittelalters. Internationaler Kongress (Krems 1980). Veröff. des Instituts für mittelalterliche Realienkunde Österreichs 5, Wien 1982

Stevens, Ulrich: Burgkapellen im deutschsprachigen Raum. Köln 1978. Bearbeitete Neuausgabe unter dem Titel: Burgkapelle. Andacht, Repräsentation und Wehrhaftigkeit im Mittelalter. Darmstadt 2003

Streich, Gerhart: Burg und Kirche während des deutschen Mittelalters, Untersuchungen zur Sakraltopographie von Pfalzen, Burgen und Herrensitzen. Konstanzer Arbeitskreis für mittelalterliche Geschichte, Sonderband 29, I u. II, 2 Bände, Sigmaringen 1984

Strickhausen, Gerd: Burgen der Ludowinger in Thüringen, Hessen und dem Rheinland. Quellen und Forschungen zur hessischen Geschichte Band 109, Darmstadt und Marburg 1998

Thon, Alexander und Tina Rudersdorf: Burgkapellen, Kapellenerker und Tragaltar. Überlegungen zu einer Typologie des Sakralbereichs mittelalterlicher Burgen im Rheinland. In: Jahrbuch für westdeutsche Landesgeschichte 25, 1999, S. 141–181

Tillmann, Curt: Lexikon der deutschen Burgen und Schlösser, Band 1–4, Stuttgart 1958–61

Torbus, Tomasz: Die Konventsburgen im Deutschordensland Preußen (phil. Diss. Hamburg 1997), Schriften des Bundesinstituts für ostdeutsche Kultur und Geschichte, Band 11, München 1998

Trapp, Oswald und Magdalena Hörmann-Weingartner (Hrsg.): Tiroler Burgenbuch, (bisher 9 Bände), Bozen/Innsbruck seit 1972

Tuulse, Armin: Borgar i västerlandet. Ursprung och typutvekling under medeltiden. Stockholm 1952 (dt.: Burgen des Abendlandes, Wien/München 1958).

Wartburg-Gesellschaft (Hrsg.): Burgen, Schlösser und Wehrbauten in Mitteleuropa. Regensburg seit 1999. Reihe von Einzelführern zur Baugeschichte bedeutender Burgen und Schlösser. Bisher erschienen u.a.: Nürnberg, Marburg, Büdingen, Ronneburg, Wartburg, Fleckenstein, Ingolstadt, Drei Gleichen, Ranis, Rheinfels, Detmold, Halle a. d. S./ Moritzburg

Wäscher, Hermann: Feudalburgen in den Bezirken Halle und Magdeburg, 2 Bände, Dt. Bauakademie, Schriften d. Inst. für Theorie u. Gesch. d. Baukunst, Berlin 1962

Wirtler, Ulrike: Spätmittelalterliche Repräsentationsräume auf Burgen im Rhein-Lahn-Mosel Gebiet. Köln 1987

Zeune, Joachim: Burgen. Symbole der Macht. Regensburg 1996

Zimmer, John: Die Burgen des Luxemburger Landes, 2 Bände, Luxemburg 1996

Zingerle, Oswald von: Mittelalterliche Inventare aus Tirol und Vorarlberg. Innsbruck 1909

Ortsregister

Bildnachweis

Alle Aufnahmen vom Verfasser mit Ausnahme:
Michael Imhof Verlag: 4/5, 14 u., 24 u., 56 u., 103, 190, Umschlag-
rückseite, Titel o. r.; Reinhard Gutbier, Bamberg: 9; Germanisches
Nationalmuseum, Nürnberg: 11–17, 30 oben, 66 rechts, 109, 116, 140,
144–151, 157, 169; HBR, Fürth: 36; Hessisches Landesamt für
Denkmalpflege, Wiesbaden: 41; Matthias Hensch, Bamberg: 62; Daniel
Burger, München: 90; Elmar Altwasser, Marburg: 102 oben; Dieter
Großmann (†): 119; Westfälisches Amt für Denkmalpflege, Münster: 122;
Stiftung Thüringer Schlösser und Gärten, Rudolstadt: 167 und Titel r. u.

Schloss Vaduz, Fürstentum Liechtenstein

Schriften des Deutschen Burgenmuseums

Band 1: Birgit Friedel: Die Nürnberger Burg. Geschichte, Baugeschichte und Archäologie. Petersberg 2007

Band 2: Daniel Burger (Red.): Burg Lauf an der Pegnitz. Ein Bauwerk Kaiser Karls IV. (zugleich Sonderbände der Wartburg-Gesellschaft Band 2). Regensburg 2006

Band 3: Anja Grebe, G. Ulrich Großmann: Burgen in Deutschland, Österreich und der Schweiz. Architektur und Alltag. Petersberg 2007

Die weiteren Bände sind auch als Sonderbände der Wartburg-Gesellschaft vorgesehen.

Neue Reihe:
IMHOF-Kulturgeschichte

- Nachschlagewerk und Lesebuch
- handlich, kompakt (Format: 12 x 22 cm, ca. 144–216 Seiten)
- reich bebildert
- von namhaften Autoren verfasst

Andreas Hausen

KÖNIGE UND KAISER

in Deutschland und Österreich (800–1918)

IMHOF-Kulturgeschichte

Rainer Zuch

PFALZEN
DEUTSCHER KAISER

von Aachen bis Zürich

IMHOF-Kulturgeschichte

Heiko Laß

SCHLÖSSER

in Deutschland, Österreich und der Schweiz

IMHOF-Kulturgeschichte

Edgar Lein

Mittelalterliche
KLÖSTER

in Deutschland, Österreich und der Schweiz

IMHOF-Kulturgeschichte

Rolf Legler

Mittelalterliche
KREUZGÄNGE

in Europa

IMHOF-Kulturgeschichte

Christine Kratzke

Kirchen und ihre Ausstattung

in Mitteleuropa

IMHOF-Kulturgeschichte

G. Ulrich Großmann

FACHWERK

in Deutschland

IMHOF-Kulturgeschichte

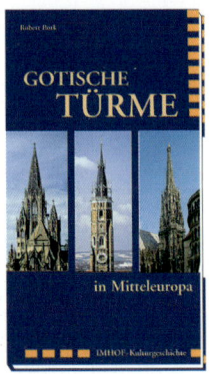

Robert Bork

GOTISCHE TÜRME

in Mitteleuropa

IMHOF-Kulturgeschichte

Uwe Geese

Mittelalterliche
SKULPTUR

in Deutschland, Österreich und der Schweiz

IMHOF-Kulturgeschichte